ドラえもんの学習シリーズ

ドラえもんの社会科おもしろ攻略

歴史人物伝 幕末・維新

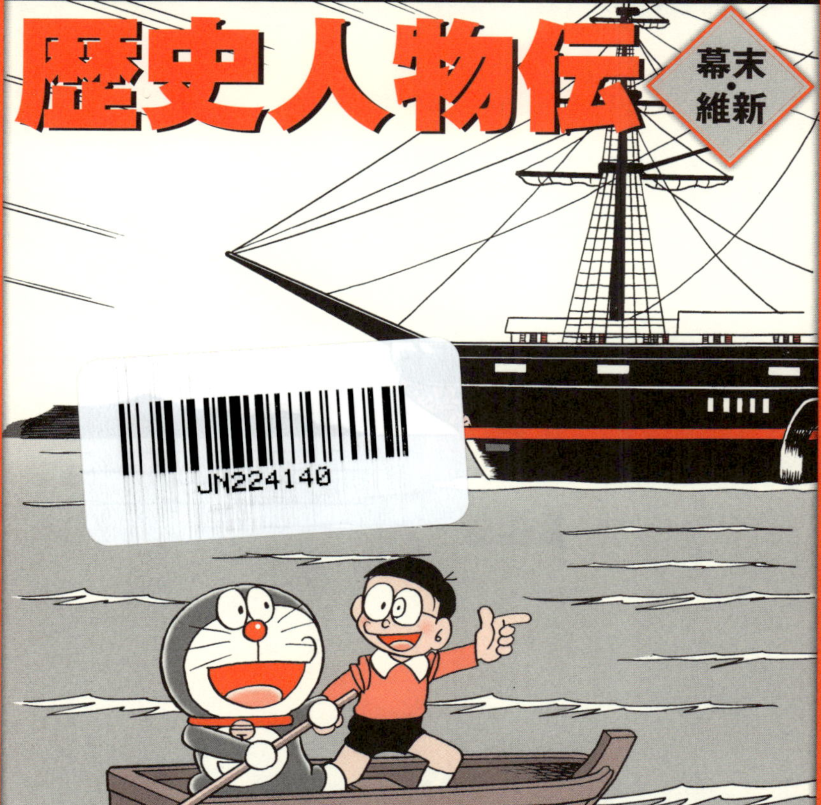

小学館

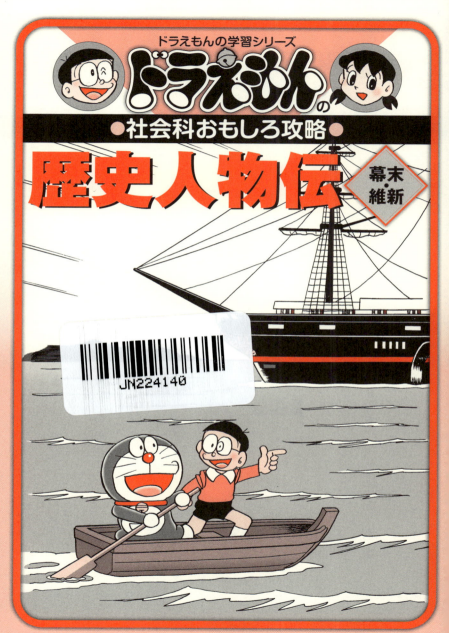

みなさんへ——この本《ほん》のねらい

浜学園《はまがくえん》

創立《そうりつ》から50年余《ねんあま》り、関西圏《かんさいけん》を中心《ちゅうしん》に難関中学《なんかんちゅうがく》への圧倒的《あっとうてき》な合格実績《ごうかくじっせき》を持《も》つ「進学教室浜学園《しんがくきょうしつはまがくえん》」を運営《うんえい》。さらに、幼《よう》児教室《じきょうしつ》の「はまキッズ」や個別指導《こべつしどう》の「Hamax《ハマックス》」、自学《じがく》・自習《じしゅう》プログラム「はま道場《どうじょう》」なども運営《うんえい》している。また、小学生《しょうがくせい》を対象《たいしょう》とした小学館《しょうがくかん》の通信添削《つうしんてんさく》学習《がくしゅう》「テレビドラゼミ」では、同学園《どうがくえん》の講師陣《こうしじん》による“分《わ》かりやすい授業《じゅぎょう》”の映《えい》像《ぞう》が配信《はいしん》されている。

「歴史《れきし》」を身近《みぢか》に感《かん》じる時間旅行《じかんりょこう》に出《で》かけよう！

みなさんの中《なか》には「歴史《れきし》の勉強《べんきょう》は、年号《ねんごう》や出来《でき》事《ごと》の名前《なまえ》をたくさん覚《おぼ》えなければならないから面《めん》倒《どう》くさい……」と思《おも》っている人《ひと》が多《おお》いかもしれません。しかし「歴史《れきし》」は、たんなる出来事《できごと》を並《なら》べただけのものではありません。「歴史《れきし》」は、みなさんと同《おな》じ一人《ひとり》ひとりの人間《にんげん》が、笑《わら》ったり泣《な》いたりしながら一所懸命《いっしょけんめい》に生《い》きた記録《きろく》なのです。

この本《ほん》でとり上《あ》げているのは、武士《ぶし》の時代《じだい》が終《お》わり、今《いま》、みなさんが暮《く》らしている「日本《にっぽん》」という国《くに》の仕組《しく》みが形《かたち》づくられていった「幕末《ばくまつ》・維《い》新《しん》」と呼《よ》ばれる時代《じだい》です。さあ、ドラえもん、のび太《た》と一緒《いっしょ》に、その時代《じだい》に活躍《かつやく》した5人《にん》の人物《じんぶつ》

——吉田松陰《よしだしょういん》、坂本龍馬《さかもとりょうま》、近藤勇《こんどういさみ》、西郷隆盛《さいごうたかもり》と大《おお》久保利通《くぼとしみち》の人生《じんせい》を知《し》る歴史《れきし》の旅《たび》に出《で》かけましょう。教科書《きょうかしょ》にのったり、テレビや映画《えいが》の主人公《しゅじんこう》になったりするような歴史上《れきしじょう》の有名人《ゆうめいじん》が、どんな苦労《くろう》を乗《の》り越《こ》えて夢《ゆめ》を叶《かな》えていったのか？　ドラえもん、のび太《た》と一緒《いっしょ》に5人《にん》の成長《せいちょう》を見守《みまも》っていけば、歴《れき》史《し》をもっと身近《みぢか》に感《かん》じられるようになるはずです。

まんがの終《お》わりには、登場人物《とうじょうじんぶつ》ゆかりの場所《ばしょ》を紹介《しょうかい》しています。機会《きかい》があったら、ぜひ訪《おとず》れてみてください。

★「ドラえもんの学習《がくしゅう》シリーズ」既刊《きかん》の『歴史人《れきしじん》物伝《ぶつでん》【戦国《せんごく》】』や、『日本《にっぽん》の歴史《れきし》』全《ぜん》3巻《かん》も、ぜひ合《あ》わせて読《よ》んでください。

浜学園《はまがくえん》

ドラえもんの社会科おもしろ攻略 歴史人物伝 幕末・維新

第《だい》1章《しょう》

まんが 時代《じだい》を動《うご》かした教育者《きょういくしゃ》 吉田松陰《よしだしょういん》と門下生《もんかせい》……6

コラムと年表《ねんぴょう》 【松下村塾《しょうかそんじゅく》（山口県《やまぐちけん》）ほか】 明治維新《めいじいしん》を育《はぐく》んだ萩《はぎ》の町《まち》を歩《ある》こう！……50

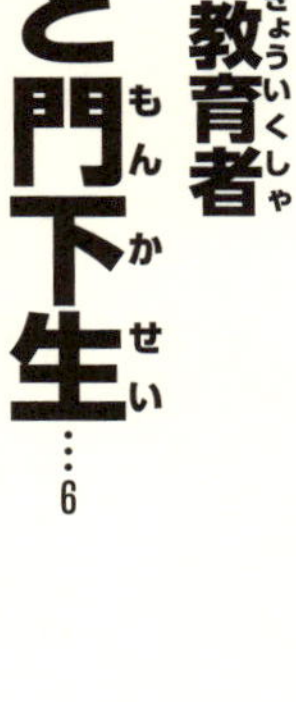

第《だい》2章《しょう》

まんが 新《あたら》しい日本《にっぽん》を夢見《ゆめみ》た風雲児《ふううんじ》 坂本龍馬《さかもとりょうま》……52

コラムと年表《ねんぴょう》 【高知県《こうちけん》、長崎県《ながさきけん》、京都府《きょうとふ》】 いつかは巡《めぐ》りたい 龍馬《りょうま》ゆかりの地《ち》……102

第《だい》3章《しょう》

まんが
幕末《ばくまつ》を駆《か》け抜《ぬ》けた剣士《けんし》たち
近藤勇《こんどういさみ》と新選組《しんせんぐみ》……104

コラムと年表《ねんぴょう》
【近藤勇生家跡《こんどういさみせいかあと》（東京都《とうきょうと》）ほか】
近藤勇《こんどういさみ》と新選組《しんせんぐみ》のふるさとを訪《たず》ねて……142

第《だい》4章《しょう》

まんが
明治維新《めいじいしん》のリーダー
西郷隆盛《さいごうたかもり》と大久保利通《おおくぼとしみち》……144

コラムと年表《ねんぴょう》
【鹿児島城下《かごしまじょうか》（鹿児島県《かごしまけん》）ほか】
西郷《さいごう》と大久保《おおくぼ》を生《う》んだ町《まち》・鹿児島《かごしま》……190

第《だい》1章《しょう》

時代《じだい》を動《うご》かした教育者《きょういくしゃ》 吉田松陰《よしだしょういん》と門下生《もんかせい》

ママに花《はな》の種《たね》をもらった。
しずかちゃんと一緒《いっしょ》に育《そだ》てよう。
しずかちゃん、一緒《いっしょ》に花《はな》を育《そだ》てよう。
今《いま》から出木杉《できすぎ》が通《かよ》ってる塾《じゅく》の見学《けんがく》に行《い》くんだよ！
ええーっ!?
塾《じゅく》なんてあとでもいいじゃないの。花《はな》を育《そだ》てる方《ほう》が、楽《たの》しいよ!!

今時《いまどき》、塾《じゅく》にも行《い》かずにフラフラしてるようじゃ、えらい人《ひと》になれないぞ。
じゃあな。
ごめんね。
しずかちゃん…。
塾《じゅく》なんかなくなってしまえ!!
塾《じゅく》に怒《おこ》ってもしようがないでしょ。
塾《じゅく》なんてだれが考《かんが》えたの？
日本《にっぽん》に『塾《じゅく》』が広《ひろ》まったのは、江戸時代後期《えどじだいこうき》のころだよ。
当時《とうじ》は幕府《ばくふ》や藩《はん》（※）がつくった学校《がっこう》しかなく、そこに入《はい》れない人《ひと》やもっと勉強《べんきょう》したいと思《おも》った人《ひと》は、塾《じゅく》に入《はい》って勉強《べんきょう》したんだ。

※「幕府《ばくふ》」は、武士《ぶし》が治《おさ》める政権《せいけん》のこと。江戸幕府《えどばくふ》は全国《ぜんこく》を「藩《はん》」に分《わ》け、各藩《かくはん》を大名《だいみょう》に治《おさ》めさせていた。

塾《じゅく》は、学者《がくしゃ》が自宅《じたく》に生徒《せいと》を集《あつ》めて教《おし》えたので、『私塾《しじゅく》』とも呼《よ》ばれたよ。
とくに幕末《ばくまつ》には、たくさんの塾《じゅく》がつくられたんだ。
バクマツ？
徳川家康《とくがわいえやす》（※）が開《ひら》いた江戸幕府《えどばくふ》が、日本《にっぽん》を治《おさ》めていた時代《じだい》の末期《まっき》だよ。
江戸《えど》幕府《ばくふ》の末期《まっき》
江戸幕府《えどばくふ》が日本《にっぽん》を治《おさ》めていた江戸時代《えどじだい》は、約《やく》２６０年間《ねんかん》も続《つづ》いたんだけど……。
けど？

※徳川家康《とくがわいえやす》について詳《くわ》しくは、本《ほん》シリーズの『歴史人物伝《れきしじんぶつでん》【戦国《せんごく》】』の第《だい》4章《しょう》を読《よ》んでね!!

新《あたら》しい日本《にっぽん》を夢見《ゆめみ》た人《ひと》たちによって幕府《ばくふ》は倒《たお》され、『明治時代《めいじじだい》』という新《あたら》しい時代《じだい》がはじまったんだ。
これを『明治維新《めいじいしん》』と呼《よ》ぶよ。
幕府《ばくふ》を倒《たお》すなんてすごい!!
どんな人《ひと》たちだったの!?
幕府《ばくふ》を倒《たお》す中心《ちゅうしん》になった人《ひと》たちの中《なか》には、『松下村塾《しょうかそんじゅく》』という塾《じゅく》で学《まな》んだ人《ひと》たちがいたんだよ。
だから、明治時代《めいじじだい》のえらい政治家《せいじか》には、松下村塾出身者《しょうかそんじゅくしゅっしんしゃ》が多《おお》いんだ。
松下村塾《しょうかそんじゅく》………。

じゃあ、ぼくもその塾《じゅく》に入《はい》る!!
ええーっ!?
そこで学《まな》んでえらくなって、スネ夫《お》たちを見返《みかえ》してやるんだ。
それならまあ……とりあえず行《い》ってみようか。
6
シュパ!
ここは?
現代《げんだい》から約《やく》160年前《ねんまえ》の長州藩《ちょうしゅうはん》の萩城下《はぎじょうか》。現在《げんざい》の山口県《やまぐちけん》萩市《はぎし》だよ。

それで…松《しょう》下《か》村《そん》塾《じゅく》はどこ?
そこだよ。
え———っ!? こんなみすぼらしい建物《たてもの》が!?
本当《ほんとう》にこんな所《ところ》から、えらい人《ひと》が育《そだ》ったの?
まあ、訪《たず》ねてみようよ。
こんにちは——っ!!
シ———ン
だれもいないよ。
こっちだよ。

おおぜいで畑仕事《はたけしごと》をしているよ。
塾《じゅく》の人《ひと》？
きみたち、何《なに》か用《よう》？
ぼくたち、えらい人《ひと》になるために塾《じゅく》を見《み》にきたんです。
……。
先生《せんせい》。
入門希望者《にゅうもんきぼうしゃ》というのは、きみたち？
ぼくたちはのび太《た》とドラえもんといいます。
おじさんは？
おじさんって……。

こちらは吉田《よしだ》松陰《しょういん》先生《せんせい》!! きみたち、そんなことも知《し》らないで入門《にゅうもん》しにきたの!?
この人《ひと》が先生《せんせい》!?
まあよい。まだ幼《おさな》いが、ここで学《まな》びたいという志《こころざし》は立派《りっぱ》だ。
好《す》きなだけ見学《けんがく》していけばよい。
ありがとう。
でも、どうして畑《はたけ》仕《し》事《ごと》をしてるの?
机《つくえ》の前《まえ》で書物《しょもつ》を読《よ》むことだけが勉強《べんきょう》じゃないぞ。
こうして畑《はたけ》を耕《たがや》すことも、自然《しぜん》について学《まな》ぶ勉強《べんきょう》だ。
そうか!
……実《じつ》は食費《しょくひ》が節約《せつやく》できるから、一石二鳥《いっせきにちょう》というわけなんだ。
ひそ
ひそ
ええーっ!?

9

これだけ生徒《せいと》がいるんだから、もうかっているんじゃないの？
松下村塾《しょうかそんじゅく》には月謝《げっしゃ》がないんだ。だから台所《だいどころ》はいつでも火《ひ》の車《くるま》さ。
これ、伊藤《いとう》くん。
余計《よけい》なことを言《い》ってないで、みんなを集《あつ》めてきなさい。
せっかく見学者《けんがくしゃ》がきたのだから、畑仕事《はたけしごと》はこれくらいにして、講義《こうぎ》をやるとしよう。
はい。
10
ワイワイ
ガヤガヤ
さて、何《なに》か質問《しつもん》のある人《ひと》は？

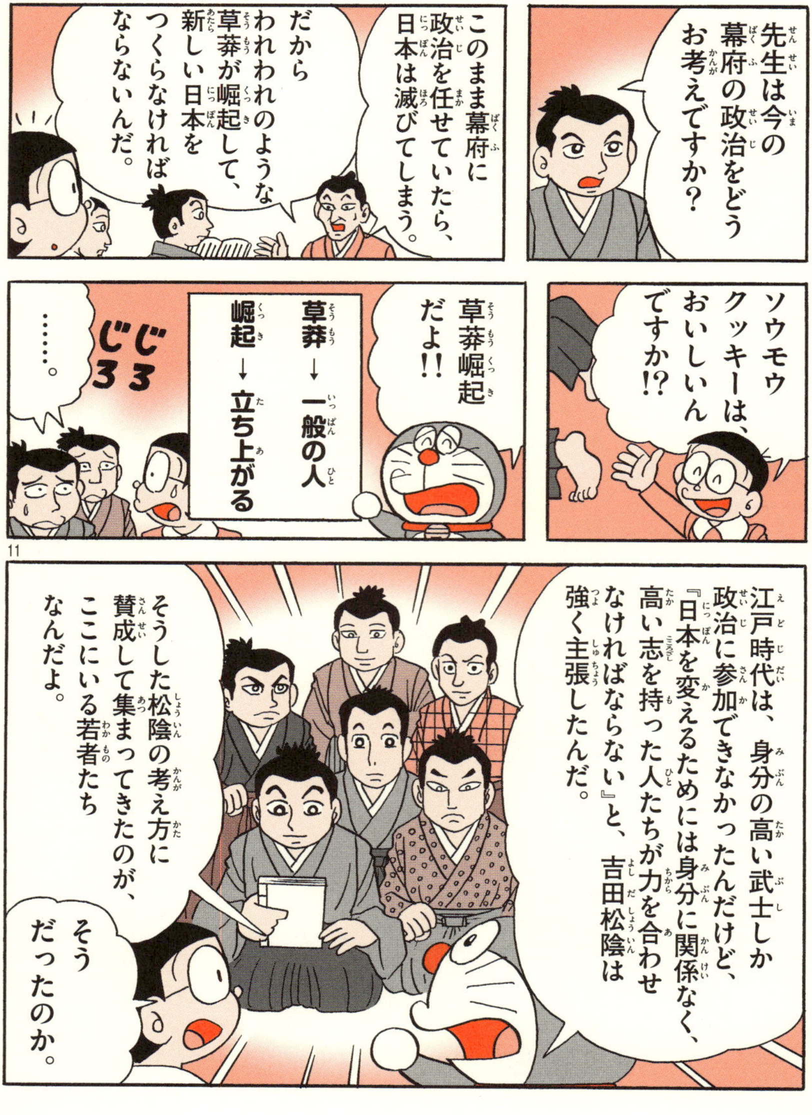
先生《せんせい》は今《いま》の幕府《ばくふ》の政治《せいじ》をどうお考《かんが》えですか？
このまま幕府《ばくふ》に政治《せいじ》を任《まか》せていたら、日本《にっぽん》は滅《ほろ》びてしまう。
だからわれわれのような草莽《そうもう》が崛起《くっき》して、新《あたら》しい日本《にっぽん》をつくらなければならないんだ。
ソウモウクッキーは、おいしいんですか!?
草莽崛起《そうもうくっき》だよ!!
草莽《そうもう》→一般《いっぱん》の人《ひと》
崛起《くっき》→立《た》ち上《あ》がる
じろじろ
……。
11
江戸時代《えどじだい》は、身分《みぶん》の高《たか》い武士《ぶし》しか政治《せいじ》に参加《さんか》できなかったんだけど、『日本《にっぽん》を変《か》えるためには身分《みぶん》に関係《かんけい》なく、高《たか》い志《こころざし》を持《も》った人《ひと》たちが力《ちから》を合《あ》わせなければならない』と、吉田松陰《よしだしょういん》は強《つよ》く主張《しゅちょう》したんだ。
そうした松陰《しょういん》の考《かんが》え方《かた》に賛成《さんせい》して集《あつ》まってきたのが、ここにいる若者《わかもの》たちなんだよ。
そうだったのか。

それで、どの人《ひと》がえらくなったの？
まさか全員《ぜんいん》がえらくなったわけじゃないよね？
それじゃあ一人《ひとり》ずつ紹介《しょうかい》しよう。
この人《ひと》は久坂玄瑞《くさかげんずい》。もと長州藩《ちょうしゅうはん》の藩医《はんい》（藩《はん》お抱《かか》えの医師《いし》）の家《いえ》の生《う》まれだよ。
松陰《しょういん》から「長州藩《ちょうしゅうはん》の中《なか》でももっとも優《すぐ》れた若者《わかもの》の一人《ひとり》」と評《ひょう》され、のちに長州藩《ちょうしゅうはん》の政治《せいじ》の中心人物《ちゅうしんじんぶつ》になった。
あっちの人《ひと》は高杉晋作《たかすぎしんさく》。長州藩《ちょうしゅうはん》の中流武士《ちゅうりゅうぶし》の家《いえ》の生《う》まれだけど、久坂《くさか》とともに『松下村塾《しょうかそんじゅく》の双璧《そうへき》（二人《ふたり》の優《すぐ》れた人物《じんぶつ》）』と呼《よ》ばれたよ。
松陰《しょういん》から「自由奔放《じゆうほんぽう》にものを考《かんが》える力《ちから》と行動力《こうどうりょく》では右《みぎ》に出《で》る者《もの》なし」と評《ひょう》され、のちに長州藩《ちょうしゅうはん》の中心人物《ちゅうしんじんぶつ》となり、日本初《にっぽんはつ》の近代的《きんだいてき》な軍隊《ぐんたい》といわれている「奇兵隊《きへいたい》」をつくった。

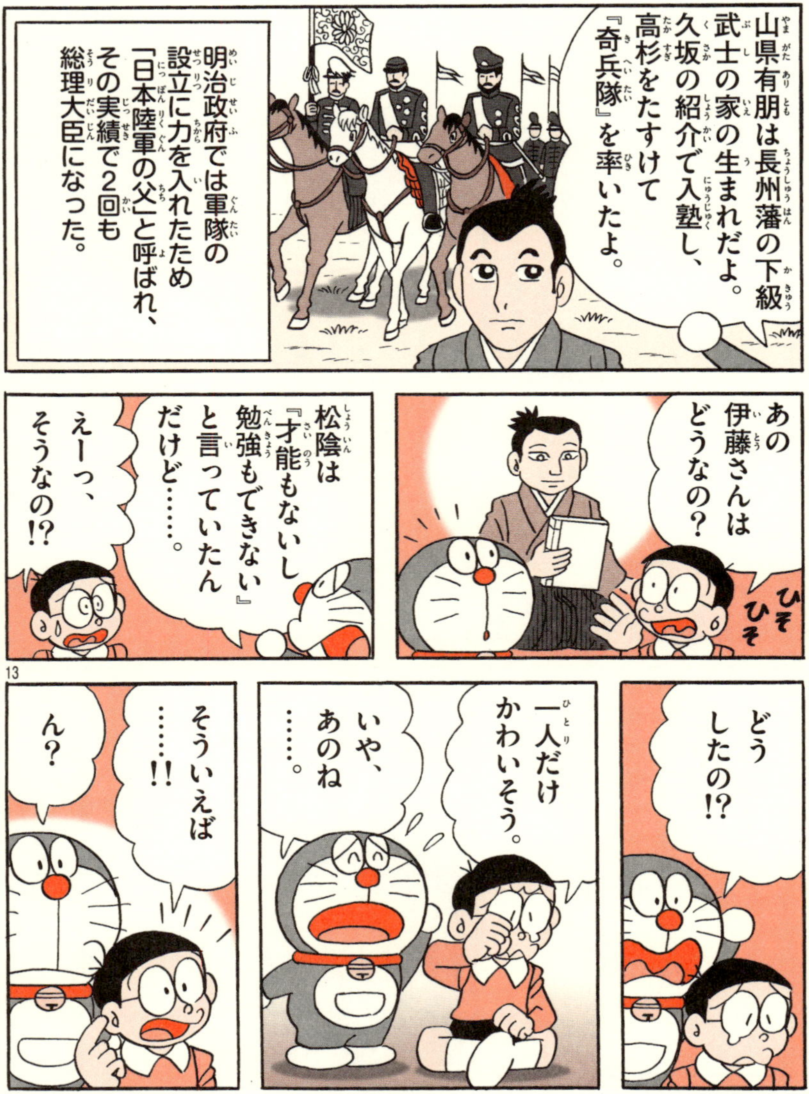
山県有朋《やまがたありとも》は長州藩《ちょうしゅうはん》の下級《かきゅう》武士《ぶし》の家《いえ》の生《う》まれだよ。久坂《くさか》の紹介《しょうかい》で入塾《にゅうじゅく》し、高杉《たかすぎ》をたすけて『奇兵隊《きへいたい》』を率《ひき》いたよ。
明治政府《めいじせいふ》では軍隊《ぐんたい》の設立《せつりつ》に力《ちから》を入《い》れたため「日本陸軍《にっぽんりくぐん》の父《ちち》」と呼《よ》ばれ、その実績《じっせき》で2回《かい》も総理大臣《そうりだいじん》になった。
あの伊藤《いとう》さんはどうなの？
ひそひそ
松陰《しょういん》は『才能《さいのう》もないし勉強《べんきょう》もできない』と言《い》っていたんだけど……。
えーっ、そうなの!?
どうしたの!?
一人《ひとり》だけかわいそう。
いや、あのね……。
そういえば……!!
ん？

松陰《しょういん》さんが『このままでは日本《にっぽん》は滅《ほろ》ぶ』って言《い》っていたけど、どういうこと?
そのことか。
当時《とうじ》の日本《にっぽん》の様子《ようす》を見《み》に、松陰《しょういん》が子《こ》どもだったころに行《い》ってみよう。
シュパ
1840年《ねん》の萩城《はぎじょう》。長州藩《ちょうしゅうはん》の藩主《はんしゅ》が住《す》んでいたお城《しろ》だよ。
うわー、立派《りっぱ》なお城《しろ》!!
でも、松陰《しょういん》さんと何《なん》の関係《かんけい》が?

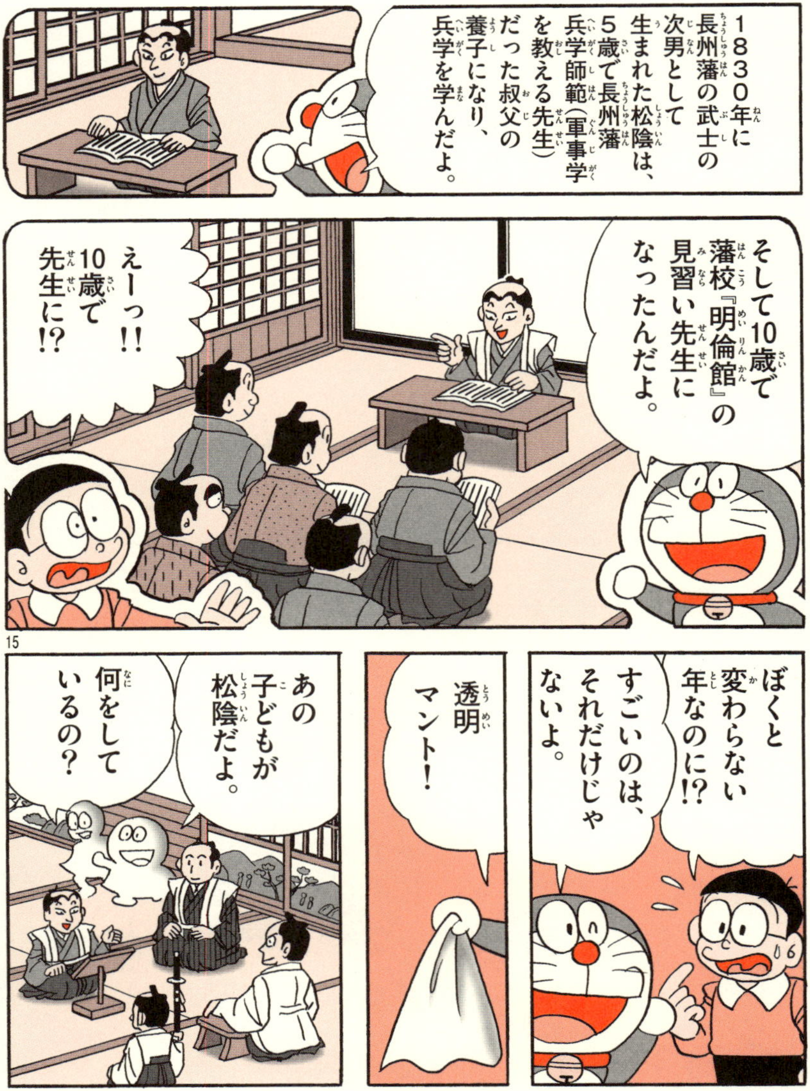
1830年《ねん》に長州藩《ちょうしゅうはん》の武士《ぶし》の次男《じなん》として生《う》まれた松陰《しょういん》は、5歳《さい》で長州藩《ちょうしゅうはん》兵学師範《へいがくしはん》（軍事学《ぐんじがく》を教《おし》える先生《せんせい》）だった叔父《おじ》の養子《ようし》になり、兵学《へいがく》を学《まな》んだよ。
そして10歳《さい》で藩校《はんこう》『明倫館《めいりんかん》』の見習《みなら》い先生《せんせい》になったんだよ。
えーっ!! 10歳《さい》で先生《せんせい》に!?
15
ぼくと変《か》わらない年《とし》なのに!?
すごいのは、それだけじゃないよ。
透明《とうめい》マント!
あの子《こ》どもが松陰《しょういん》だよ。
何《なに》をしているの？

明倫館《めいりんかん》で優秀《ゆうしゅう》さを認《みと》められた松陰《しょういん》は11歳《さい》で藩主《はんしゅ》の前《まえ》で兵学《へいがく》を講義《こうぎ》したんだ。
とても名誉《めいよ》なことなんだよ。
すごい。
そして19歳《さい》で、明倫館《めいりんかん》の正式《せいしき》な先生《せんせい》になったんだ。
当時《とうじ》の弟子《でし》には、のちに長州藩《ちょうしゅうはん》の中心人物《ちゅうしんじんぶつ》となり、明治維新《めいじいしん》でとても重要《じゅうよう》な働《はたら》きをして、明治政府《めいじせいふ》で高《たか》い位《くらい》についた桂小五郎《かつらこごろう》（木戸孝允《きどたかよし》）がいたよ。
16
松陰《しょういん》さんに教《おそ》わった人《ひと》は、みんなえらくなったんだね。
えらくなれなかったのは、伊藤《いとう》さんだけか。
そのことだけど…。
ところで……『日本《にっぽん》が滅《ほろ》びる』って話《はなし》はどうなったの？
あまり大変《たいへん》そうじゃなかったけど。

吉田松陰《よしだしょういん》が藩主《はんしゅ》の前《まえ》で講義《こうぎ》をした年《とし》、その後《ご》の日本《にっぽん》に大《おお》きな影響《えいきょう》を与《あた》えるできごとが中国《ちゅうごく》で起《お》こったんだ。
それがアヘン戦争《せんそう》だよ。
『あ、変《へん》』って、何《なに》が変《へん》なの?
アヘン！麻薬《まやく》の一種《いっしゅ》だよ。
イギリスが清《しん》(※)に密輸《みつゆ》していたアヘンを、清《しん》の役人《やくにん》がとり上《あ》げて焼《や》いてしまったことをきっかけに起《お》こったから『アヘン戦争《せんそう》』と呼《よ》ばれているんだ。

17

※清《しん》……1636年《ねん》に建国《けんこく》され、1644年《ねん》から1912年《ねん》まで中国《ちゅうごく》を支配《しはい》した王朝《おうちょう》。

18

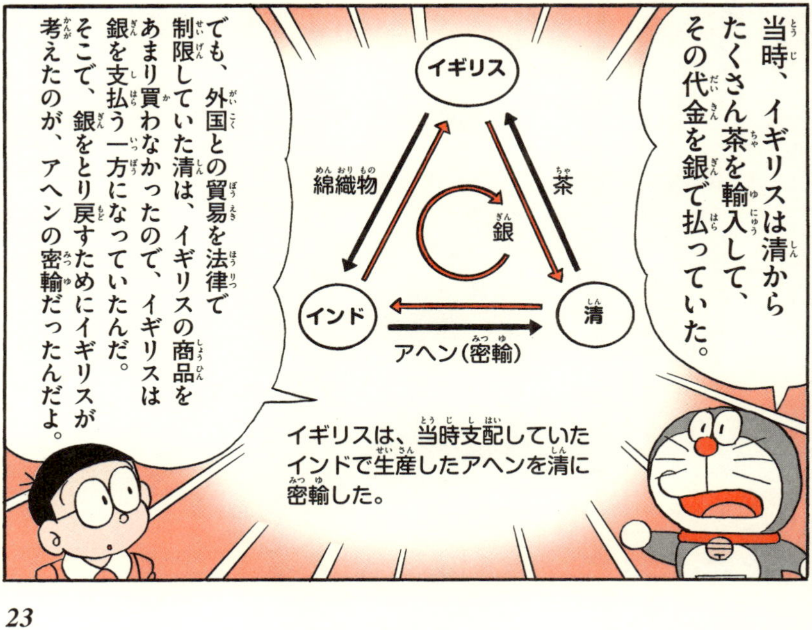

イギリスは、当時支配《とうじしはい》していたインドで生産《せいさん》したアヘンを清《しん》に密輸《みつゆ》した。

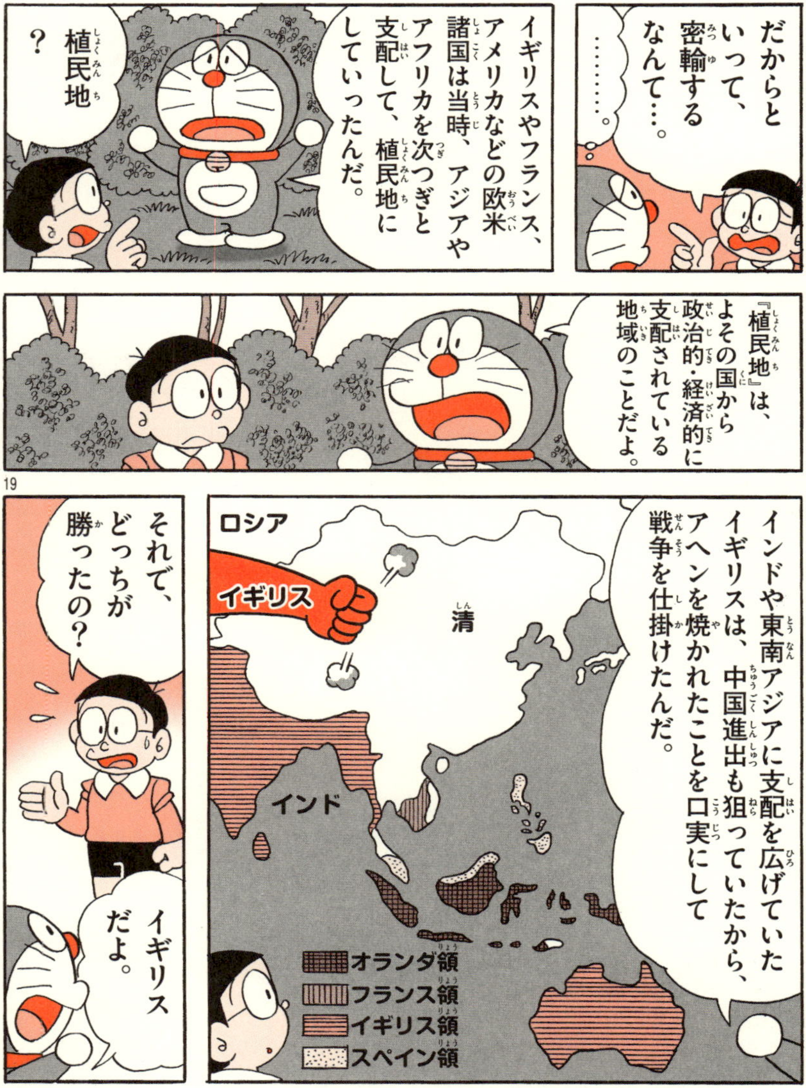

だからといって、密輸《みつゆ》するなんて…。
…………。
イギリスやフランス、アメリカなどの欧米《おうべい》諸国《しょこく》は当時《とうじ》、アジアやアフリカを次《つぎ》つぎと支配《しはい》して、植民地《しょくみんち》にしていったんだ。
植民地《しょくみんち》？
『植民地《しょくみんち》』は、よその国《くに》から政治的《せいじてき》・経済的《けいざいてき》に支配《しはい》されている地域《ちいき》のことだよ。
インドや東南《とうなん》アジアに支配《しはい》を広《ひろ》げていたイギリスは、中国進出《ちゅうごくしんしゅつ》も狙《ねら》っていたから、アヘンを焼《や》かれたことを口実《こうじつ》にして戦争《せんそう》を仕掛《しか》けたんだ。
ロシア
イギリス
清《しん》
インド
オランダ領《りょう》
フランス領《りょう》
イギリス領《りょう》
スペイン領《りょう》
それで、どっちが勝《か》ったの？
イギリスだよ。

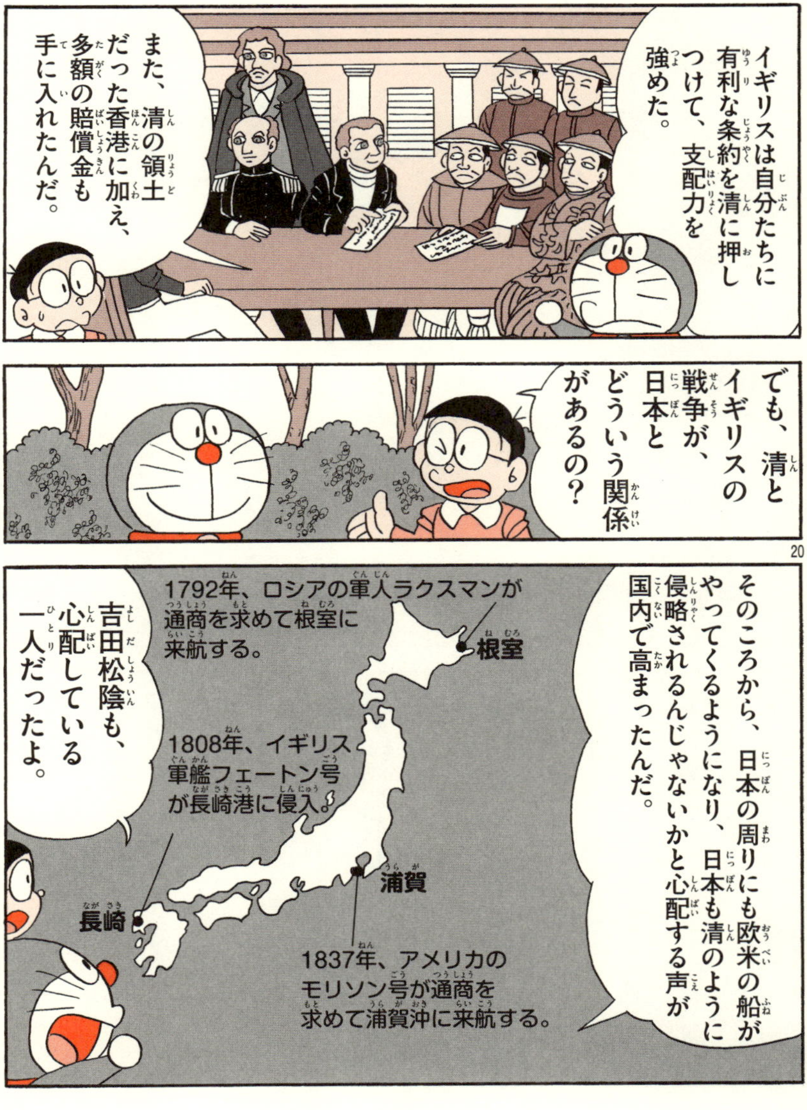
イギリスは自分《じぶん》たちに有利《ゆうり》な条約《じょうやく》を清《しん》に押《お》しつけて、支配力《しはいりょく》を強《つよ》めた。
また、清《しん》の領土《りょうど》だった香港《ほんこん》に加《くわ》え、多額《たがく》の賠償金《ばいしょうきん》も手《て》に入《い》れたんだ。
でも、清《しん》とイギリスの戦争《せんそう》が、日本《にっぽん》とどういう関係《かんけい》があるの？
そのころから、日本《にっぽん》の周《まわ》りにも欧米《おうべい》の船《ふね》がやってくるようになり、日本《にっぽん》も清《しん》のように侵略《しんりゃく》されるんじゃないかと心配《しんぱい》する声《こえ》が国内《こくない》で高《たか》まったんだ。
1792年《ねん》、ロシアの軍人《ぐんじん》ラクスマンが通商《つうしょう》を求《もと》めて根室《ねむろ》に来航《らいこう》する。
根室《ねむろ》
1808年《ねん》、イギリス軍艦《ぐんかん》フェートン号《ごう》が長崎港《ながさきこう》に侵入《しんにゅう》。
浦賀《うらが》
長崎《ながさき》
1837年《ねん》、アメリカのモリソン号《ごう》が通商《つうしょう》を求《もと》めて浦賀沖《うらがおき》に来航《らいこう》する。
吉田松陰《よしだしょういん》も、心配《しんぱい》している一人《ひとり》だったよ。

そこで、20歳《はたち》を過《す》ぎた松陰《しょういん》は広《ひろ》く世《よ》の中《なか》を知《し》るために、日本全国《にっぽんぜんこく》を巡《めぐ》る旅《たび》に出《で》たんだ。
九州遊学《きゅうしゅうゆうがく》
熊本《くまもと》
東北遊学《とうほくゆうがく》
水戸《みと》
江戸《えど》
宮部鼎蔵《みやべていぞう》
熊本藩《くまもとはん》の学者《がくしゃ》。
21
そのころ、外国《がいこく》の侵略《しんりゃく》に危機感《ききかん》を持《も》つ人《ひと》たちが全国各地《ぜんこくかくち》にいて、彼《かれ》らと交流《こうりゅう》する中《なか》で、松陰《しょういん》も『攘夷《じょうい》』の必要性《ひつようせい》を強《つよ》く感《かん》じるようになっていったよ。
佐久間象山《さくましょうざん》
江戸《えど》の学者《がくしゃ》。
会沢正志斎《あいざわせいしさい》
水戸藩《みとはん》の学者《がくしゃ》。
じょういって？
『外国人《がいこくじん》を追《お》い払《はら》う』という意味《いみ》の言葉《ことば》だよ。

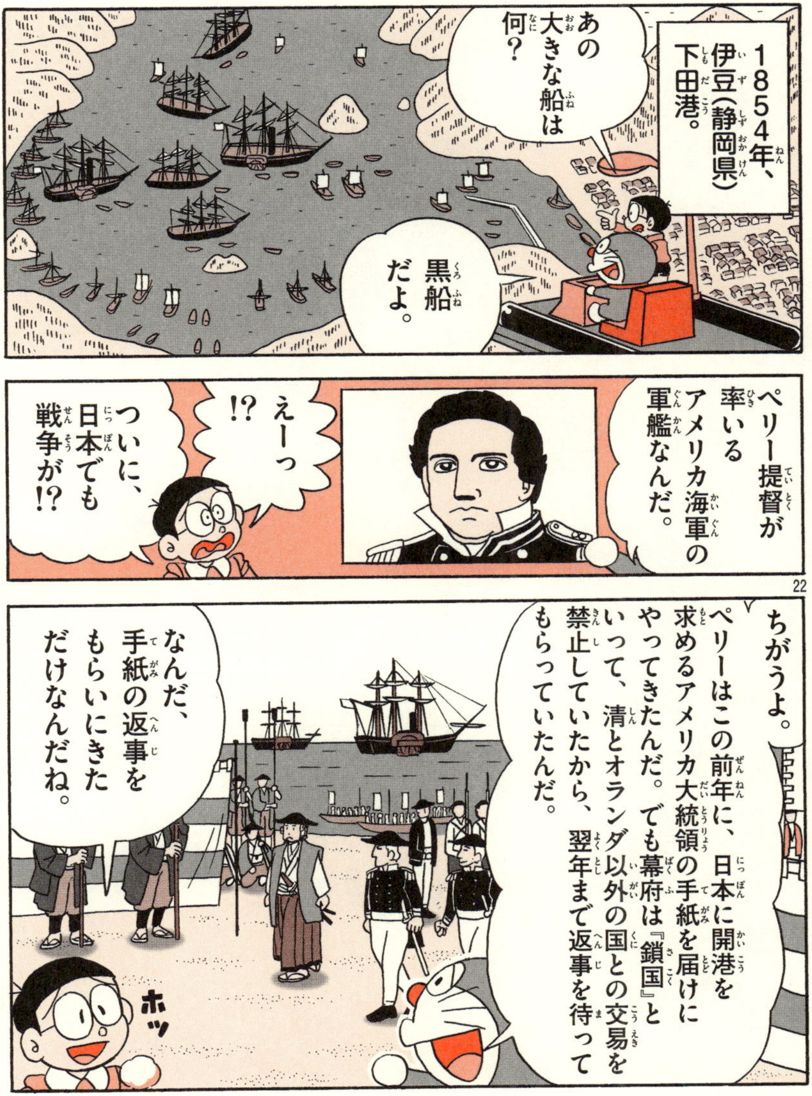
1854年《ねん》、伊豆《いず》(静岡県《しずおかけん》)下田港《しもだこう》。
あの大《おお》きな船《ふね》は何《なに》?
黒船《くろふね》だよ。
ペリー提督《ていとく》が率《ひき》いるアメリカ海軍《かいぐん》の軍艦《ぐんかん》なんだ。
えーっ!?
ついに、日本《にっぽん》でも戦争《せんそう》が!?
22
ちがうよ。ペリーはこの前年《ぜんねん》に、日本《にっぽん》に開港《かいこう》を求《もと》めるアメリカ大統領《だいとうりょう》の手紙《てがみ》を届《とど》けにやってきたんだ。でも幕府《ばくふ》は『鎖国《さこく》』といって、清《しん》とオランダ以外《いがい》の国《くに》との交易《こうえき》を禁止《きんし》していたから、翌年《よくとし》まで返事《へんじ》を待《ま》ってもらっていたんだ。
なんだ、手紙《てがみ》の返事《へんじ》をもらいにきただけなんだね。
ホッ

ん？
小《ちい》さな舟《ふね》が近《ちか》づいていくよ。
現実中継絵本《げんじつちゅうけいえほん》で見《み》てみよう。
れきし
松陰《しょういん》さんだ!! 何《なに》やってるんだろう？
アメリカに密航《みっこう》しようとしているんだ。
みっこう？
許可《きょか》を得《え》ないで外国《がいこく》に行《い》くことだよ。鎖国《さこく》していた当時《とうじ》の日本《にっぽん》では、外国《がいこく》に行《い》くことは重大《じゅうだい》な法律違反《ほうりついはん》だったんだ。
……？
松陰《しょういん》さんは『外国人《がいこくじん》を追《お》い払《はら》う』って考《かんが》え方《かた》の人《ひと》でしょ？
どうしてアメリカの船《ふね》に乗《の》せてもらおうとしているの？

実《じつ》は、ペリーが最初《さいしょ》に日本《にっぽん》にきた時《とき》、松陰《しょういん》は黒船《くろふね》を見《み》ているんだ。
なんて大《おお》きな軍艦《ぐんかん》だ……日本《にっぽん》とアメリカでは、武力《ぶりょく》がちがいすぎる。
だから松陰《しょういん》は、外国《がいこく》の力《ちから》を自分《じぶん》の目《め》で確《たし》かめようとしていたんだ。
黒船《くろふね》がはじめて来航《らいこう》した年《とし》、ロシアの船《ふね》も長崎《ながさき》にやってきた。松陰《しょういん》は長崎《ながさき》から密航《みっこう》しようと駆《か》けつけたけれど、ロシア船《せん》の出航《しゅっこう》には間《ま》に合《あ》わなかったんだ。
ついてなかったね。
24
だから、今回《こんかい》は2度目《どめ》の挑戦《ちょうせん》なんだ。
れきし
今回《こんかい》はうまくいくのかな?
…………。

アメリカに連《つ》れて行《い》ってください。
困《こま》るなあ。
幕府《ばくふ》とのあいだに『日米和親条約《にちべいわしんじょうやく》』を結《むす》んだばかりだから、あなたの密航《みっこう》を手伝《てつだ》うわけにはいきません。
日本《にっぽん》とアメリカを自由《じゆう》に往《い》き来《き》できる時代《じだい》がすぐにくるから、もう少《すこ》し待《ま》ったらどうですか？
日米和親条約《にちべいわしんじょうやく》（1854年《ねん》）
①下田《しもだ》（静岡県《しずおかけん》）と箱館《はこだて》（北海道《ほっかいどう》）にアメリカ船《せん》の寄港《きこう》を許《ゆる》す。
②下田《しもだ》に領事館《りょうじかん》（アメリカ政府《せいふ》の代表《だいひょう》）を置《お》く。
③寄港《きこう》するアメリカ船《せん》に燃料《ねんりょう》などを補給《ほきゅう》する。
そこを何《なん》とか!!
法《ほう》を破《やぶ》ってここにきたので今帰《いまかえ》ったら私《わたし》は処刑《しょけい》されてしまいます!!
夜《よる》のうちに帰《かえ》れば、見《み》つかりませんよ。
でも、この船《ふね》に乗《の》り移《うつ》った時《とき》、小舟《こぶね》が流《なが》されてしまいました。

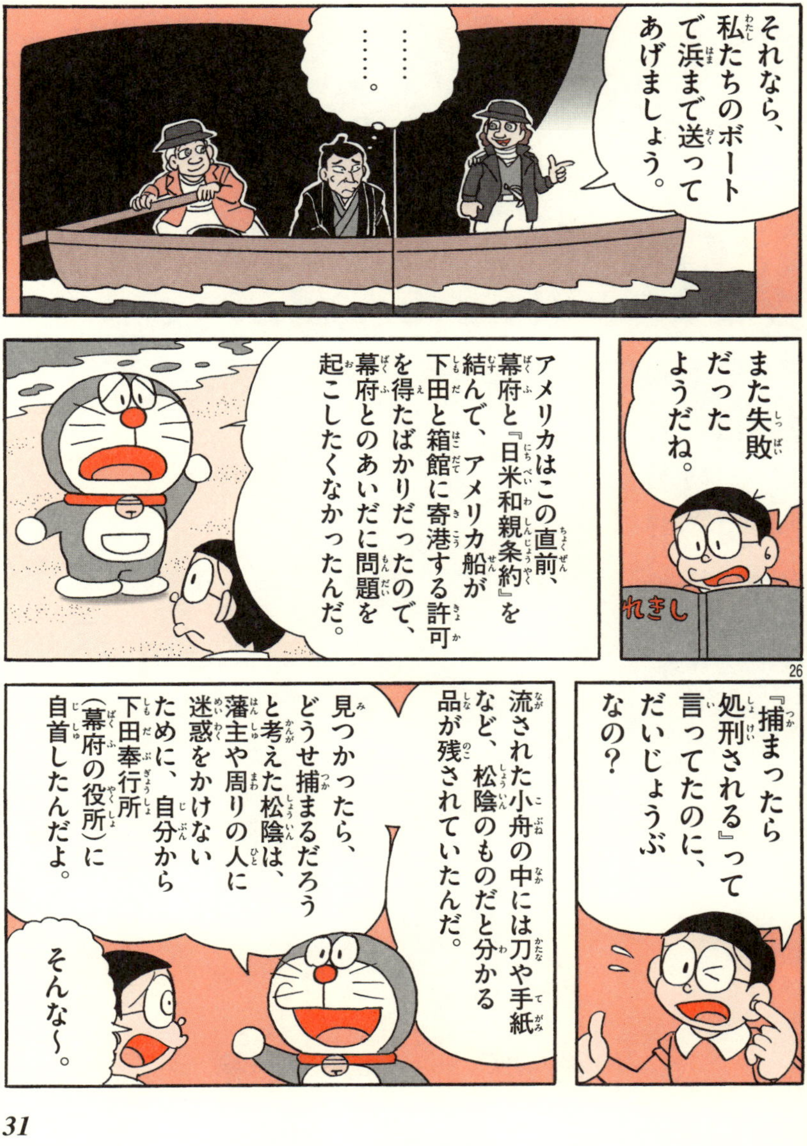
それなら、私《わたし》たちのボートで浜《はま》まで送《おく》ってあげましょう。
……………。
また失敗《しっぱい》だったようだね。
アメリカはこの直前《ちょくぜん》、幕府《ばくふ》と『日米和親条約《にちべいわしんじょうやく》』を結《むす》んで、アメリカ船《せん》が下田《しもだ》と箱館《はこだて》に寄港《きこう》する許可《きょか》を得《え》たばかりだったので、幕府《ばくふ》とのあいだに問題《もんだい》を起《お》こしたくなかったんだ。
れきし
『捕《つか》まったら処刑《しょけい》される』って言《い》ってたのに、だいじょうぶなの？
流《なが》された小舟《こぶね》の中《なか》には刀《かたな》や手紙《てがみ》など、松陰《しょういん》のものだと分《わ》かる品《しな》が残《のこ》されていたんだ。
見《み》つかったら、どうせ捕《つか》まるだろうと考《かんが》えた松陰《しょういん》は、藩主《はんしゅ》や周《まわ》りの人《ひと》に迷惑《めいわく》をかけないために、自分《じぶん》から下田奉行所《しもだぶぎょうしょ》（幕府《ばくふ》の役所《やくしょ》）に自首《じしゅ》したんだよ。
そんな〜。

江戸《えど》(東京都《とうきょうと》)でとり調《しら》べを受《う》けた松陰《しょういん》はその後《ご》、長州藩《ちょうしゅうはん》に戻《もど》され、牢屋《ろうや》に入《い》れられたんだ。
……死刑《しけい》にならなくてよかったけど……。
ここが、松陰《しょういん》が入《い》れられていた『野山獄《のやまごく》』という牢屋《ろうや》だよ。
学問《がくもん》をする上《うえ》で大切《たいせつ》なことは、自分《じぶん》を磨《みが》き、自分《じぶん》を高《たか》めることであります。
ええーっ!!
牢屋《ろうや》の中《なか》で講義《こうぎ》してるの!?

27

どんな状況《じょうきょう》でも学問《がくもん》はできると信《しん》じていた松陰《しょういん》は、牢屋《ろうや》の中《なか》にいた約《やく》１年間《ねんかん》で、６１８冊《さつ》もの本《ほん》を読《よ》んだそうだよ。
その様子《ようす》を見《み》ていたほかの囚人《しゅうじん》たちが松陰《しょういん》に講義《こうぎ》を頼《たの》むようになり、牢屋《ろうや》の中《なか》は小《ちい》さな学校《がっこう》のようになったんだ。
監視《かんし》をする牢役人《ろうやくにん》の中《なか》にも、松陰《しょういん》の講義《こうぎ》を楽《たの》しみにしていた人《ひと》がいたそうだよ。
松陰《しょういん》さんは、どうしてそんなに勉強《べんきょう》したの？
28
世《よ》の中《なか》を変《か》えるためには、いろいろなことを知《し》らないといけないからね。
兵学《へいがく》だけでなく、歴史《れきし》や地理《ちり》、医学《いがく》や哲学《てつがく》など、幅広《はばひろ》い勉強《べんきょう》をしたんだよ。

その後《ご》、罪《つみ》を許《ゆる》されて牢屋《ろうや》を出《で》た松陰《しょういん》は、いよいよ松下村塾《しょうかそんじゅく》で講義《こうぎ》をはじめた。
松下村塾《しょうかそんじゅく》で松陰《しょういん》が教《おし》えた塾生《じゅくせい》は合計《ごうけい》約《やく》90名《めい》にのぼり、その約半数《やくはんすう》が武士《ぶし》で、残《のこ》りは僧侶《そうりょ》や町人《ちょうにん》、医者《いしゃ》など、いろいろな身分《みぶん》の人《ひと》たちだったよ。
草莽崛起《そうもうくっき》を唱《とな》えた松陰《しょういん》は、勉強《べんきょう》したいという意欲《いよく》のある若者《わかもの》なら身分《みぶん》を問《と》わずに受《う》け入《い》れたんだ。
さて次《つぎ》は……。
いよいよ、松下村塾《しょうかそんじゅく》の人《ひと》たちがえらくなる様子《ようす》を見《み》に行《い》くんだね。
塾生《じゅくせい》がみんなえらくなったんだから、先生《せんせい》の松陰《しょういん》さんはもっとえらくなったんだろうなあ。

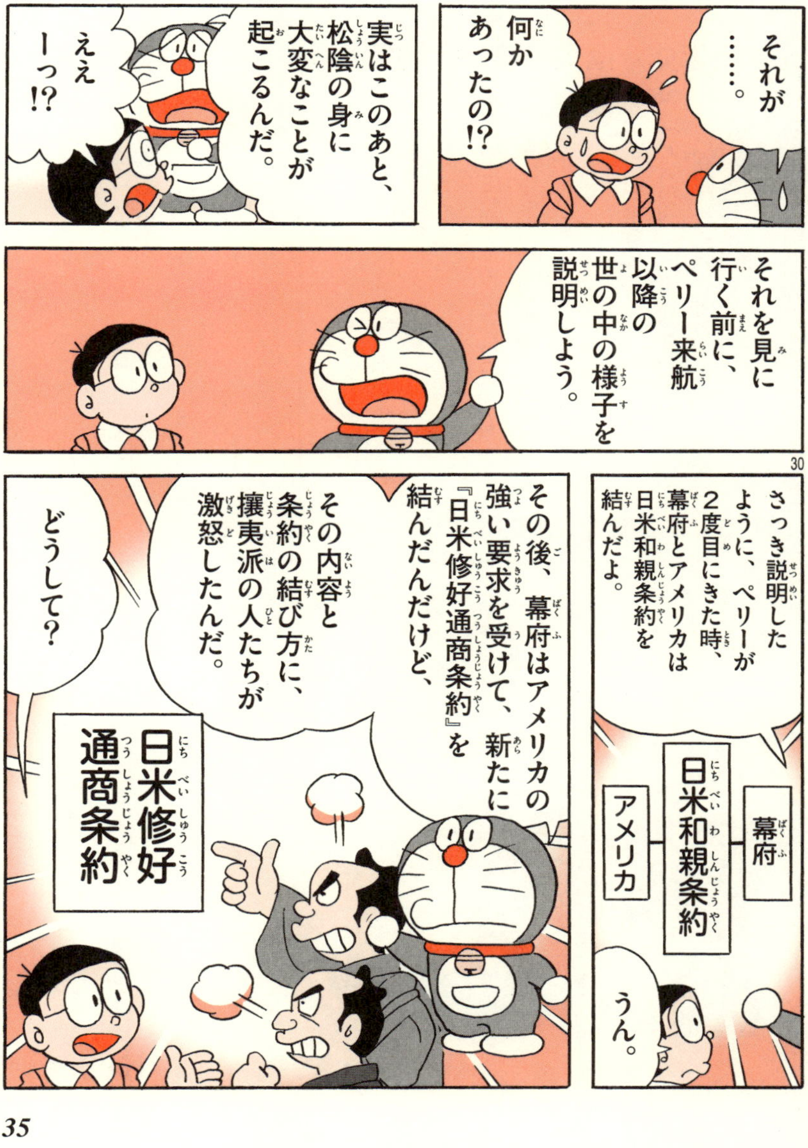
それが……。
何《なに》かあったの!?
実《じつ》はこのあと、松陰《しょういん》の身《み》に大変《たいへん》なことが起《お》こるんだ。
ええーっ!?
それを見《み》に行《い》く前《まえ》に、ペリー来航《らいこう》以降《いこう》の世《よ》の中《なか》の様子《ようす》を説明《せつめい》しよう。
30
さっき説明《せつめい》したように、ペリーが2度目《どめ》にきた時《とき》、幕府《ばくふ》とアメリカは日米和親条約《にちべいわしんじょうやく》を結《むす》んだよ。
幕府《ばくふ》
日米和親条約《にちべいわしんじょうやく》
アメリカ
うん。
その後《ご》、幕府《ばくふ》はアメリカの強《つよ》い要求《ようきゅう》を受《う》けて、新《あら》たに『日米修好通商条約《にちべいしゅうこうつうしょうじょうやく》』を結《むす》んだんだけど、
その内容《ないよう》と条約《じょうやく》の結《むす》び方《かた》に、攘夷派《じょういは》の人《ひと》たちが激怒《げきど》したんだ。
日米修好《にちべいしゅうこう》通商条約《つうしょうじょうやく》
どうして?

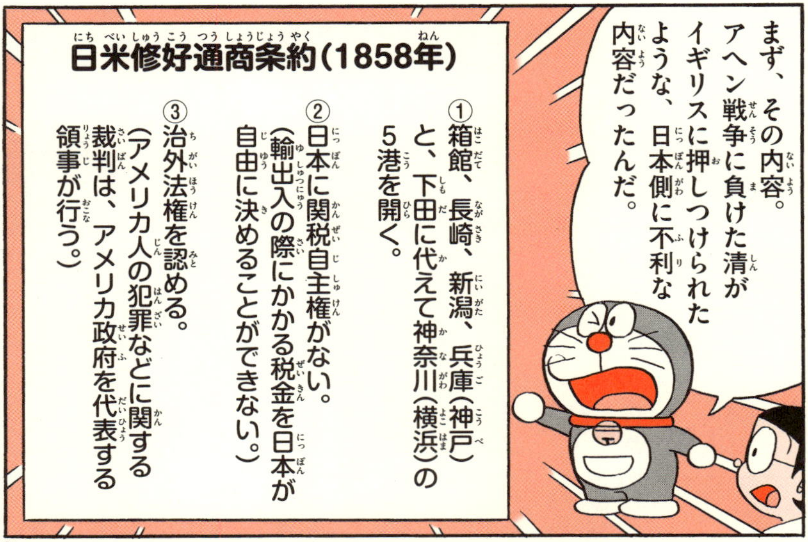
まず、その内容《ないよう》。アヘン戦争《せんそう》に負《ま》けた清《しん》がイギリスに押《お》しつけられたような、日本側《にっぽんがわ》に不利《ふり》な内容《ないよう》だったんだ。
日米修好通商条約《にちべいしゅうこうつうしょうじょうやく》（1858年《ねん》）
①箱館《はこだて》、長崎《ながさき》、新潟《にいがた》、兵庫《ひょうご》（神戸《こうべ》）と、下田《しもだ》に代《か》えて神奈川《かながわ》（横浜《よこはま》）の5港《こう》を開《ひら》く。
②日本《にっぽん》に関税自主権《かんぜいじしゅけん》がない。（輸出入《ゆしゅつにゅう》の際《さい》にかかる税金《ぜいきん》を日本《にっぽん》が自由《じゆう》に決《き》めることができない。）
③治外法権《ちがいほうけん》を認《みと》める。（アメリカ人《じん》の犯罪《はんざい》などに関《かん》する裁判《さいばん》は、アメリカ政府《せいふ》を代表《だいひょう》する領事《りょうじ》が行《おこな》う。）

31

しかも……
アメリカの武力《ぶりょく》を恐《おそ》れた幕府《ばくふ》は、朝廷《ちょうてい》の許可《きょか》を得《え》ずに条約《じょうやく》を結《むす》んでしまったんだ。
ええーっ!!
そんな話《はなし》は聞《き》いておらんぞ!!
幕
米

さらに幕府《ばくふ》はイギリス、フランス、ロシア、オランダとも不利《ふり》な条約《じょうやく》を結《むす》んでしまったよ。
イ
フ
幕
ロ
オ
ありゃ——!!
それまでの強《つよ》い幕府《ばくふ》だったら好《す》き勝手《かって》にできたのだけど、幕末《ばくまつ》になると、攘夷派《じょういは》の力《ちから》を背景《はいけい》に、朝廷側《ちょうていがわ》の発言力《はつげんりょく》が増《ま》していたんだ。
幕
幕末《ばくまつ》には、幕府《ばくふ》の力《ちから》が弱《よわ》まっていたんだね。
だから、松陰《しょういん》をはじめとする攘夷派《じょういは》の人《ひと》びとが、いっせいに幕府《ばくふ》に反対《はんたい》する声《こえ》を上《あ》げはじめたんだ。
反対《はんたい》!!
慌《あわ》てた幕府《ばくふ》は、攘夷派《じょういは》の人《ひと》たちを次《つぎ》つぎに捕《と》らえはじめたよ。
!!

100名《めい》以上《いじょう》も捕《と》らえられ、10名《めい》以上《いじょう》が処刑《しょけい》されたんだ。
これを『安政《あんせい》の大獄《たいごく》』と呼《よ》ぶんだけれど、吉田松陰《よしだしょういん》も処刑《しょけい》されたうちの一人《ひとり》だったんだよ。
ええーっ!?
どうして松陰《しょういん》さんは処刑《しょけい》されちゃったの?
それはね……。
幕府《ばくふ》のやり方《かた》はひどすぎる!!
こうなったら、弾圧《だんあつ》を進《すす》める老中《ろうじゅう》の間部詮勝《まなべあきかつ》を暗殺《あんさつ》するしかない!!
藩《はん》に手紙《てがみ》を書《か》いて、暗殺《あんさつ》の許可《きょか》と武器《ぶき》の提供《ていきょう》を求《もと》めよう。

33

藩《はん》の重役《じゅうやく》
こ、これは大変《たいへん》だ!!
間部《まなべ》詮勝《あきかつ》を暗殺《あんさつ》する許可《きょか》をいただきたい
松陰《しょういん》
暗殺《あんさつ》なんてしたら、幕府《ばくふ》から藩《はん》の責任《せきにん》を問《と》われてしまう!!
幕府《ばくふ》を恐《おそ》れた長州藩《ちょうしゅうはん》は松陰《しょういん》を捕《と》らえ、江戸《えど》に送《おく》った。
江戸《えど》に送《おく》られた松陰《しょういん》は、伝馬町《てんまちょう》の牢屋《ろうや》に入《い》れられてしまったよ。
34
幕府《ばくふ》のとり調《しら》べにも堂《どう》どうと自分《じぶん》の説《せつ》を主張《しゅちょう》した松陰《しょういん》は、死《し》を覚悟《かくご》して、塾生《じゅくせい》たちへの遺書《いしょ》を書《か》き上《あ》げたんだ。

………。
私《わたし》は現在《げんざい》30歳《さい》。いまだ目的《もくてき》を果《は》たすことなく死《し》のうとしている。農業《のうぎょう》に例《たと》えれば、まだ実《みの》らず、収穫《しゅうかく》しないままのようなものだけれど、私《わたし》なりの花《はな》が咲《さ》き、実《みの》りを迎《むか》えたのだと思《おも》う。……私《わたし》がささやかながら尽《つ》くした志《こころざし》に思《おも》いをはせ、それを受《う》け継《つ》ごうという人《ひと》がいるのなら、それは種子《しゅし》が絶《た》えずに穀物《こくもつ》が毎年《まいとし》実《みの》るのと同《おな》じことだ……。
遺書
塾生《じゅくせい》に向《む》けた遺書《いしょ》『留魂録《りゅうこんろく》』を書《か》き上《あ》げた吉田松陰《よしだしょういん》はその翌日《よくじつ》、1859年《ねん》10月《がつ》27日《にち》に処刑《しょけい》された。
松陰《しょういん》さんが亡《な》くなって、塾《じゅく》のみんなはどうなったの？
松陰《しょういん》の教《おし》えを引《ひ》き継《つ》いで、世《よ》の中《なか》を変《か》えていったんだ。
吉田《よしだ》先生《せんせい》の遺志《いし》を継《つ》いで、新《あたら》しい日本《にっぽん》をつくるぞ!!

35

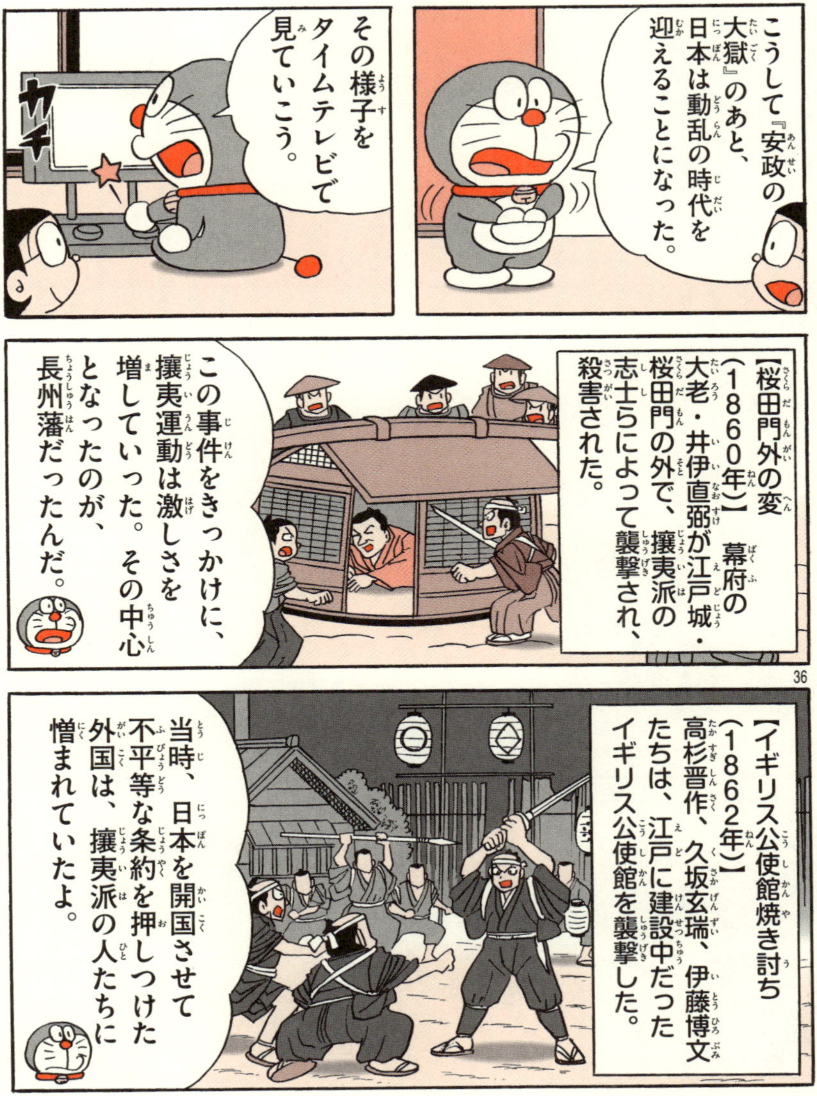
こうして『安政《あんせい》の大獄《たいごく》』のあと、日本《にっぽん》は動乱《どうらん》の時代《じだい》を迎《むか》えることになった。
カチ
その様子《ようす》をタイムテレビで見《み》ていこう。
【桜田門外《さくらだもんがい》の変《へん》（1860年《ねん》）】幕府《ばくふ》の大老《たいろう》・井伊直弼《いいなおすけ》が江戸城《えどじょう》・桜田門《さくらだもん》の外《そと》で、攘夷派《じょういは》の志士《しし》らによって襲撃《しゅうげき》され、殺害《さつがい》された。
この事件《じけん》をきっかけに、攘夷運動《じょういうんどう》は激《はげ》しさを増《ま》していった。その中心《ちゅうしん》となったのが、長州藩《ちょうしゅうはん》だったんだ。
36
【イギリス公使館焼《こうしかんや》き討《う》ち（1862年《ねん》）】高杉晋作《たかすぎしんさく》、久坂玄瑞《くさかげんずい》、伊藤博文《いとうひろぶみ》たちは、江戸《えど》に建設中《けんせつちゅう》だったイギリス公使館《こうしかん》を襲撃《しゅうげき》した。
当時《とうじ》、日本《にっぽん》を開国《かいこく》させて不平等《ふびょうどう》な条約《じょうやく》を押《お》しつけた外国《がいこく》は、攘夷派《じょういは》の人《ひと》たちに憎《にく》まれていたよ。

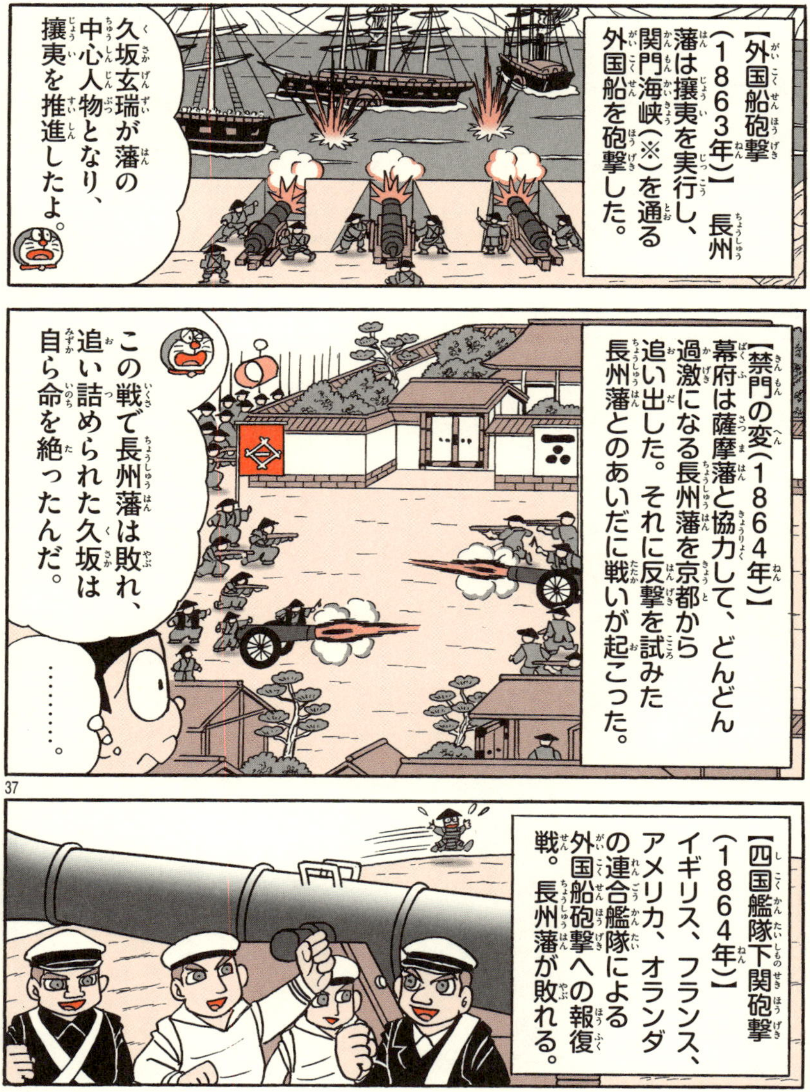
【外国船砲撃《がいこくせんほうげき》（1863年《ねん》）】長州《ちょうしゅう》藩《はん》は攘夷《じょうい》を実行《じっこう》し、関門海峡《かんもんかいきょう》(※)を通《とお》る外国船《がいこくせん》を砲撃《ほうげき》した。
久坂玄瑞《くさかげんずい》が藩《はん》の中心人物《ちゅうしんじんぶつ》となり、攘夷《じょうい》を推進《すいしん》したよ。
【禁門《きんもん》の変《へん》（1864年《ねん》）】幕府《ばくふ》は薩摩藩《さつまはん》と協力《きょうりょく》して、どんどん過激《かげき》になる長州藩《ちょうしゅうはん》を京都《きょうと》から追《お》い出《だ》した。それに反撃《はんげき》を試《こころ》みた長州藩《ちょうしゅうはん》とのあいだに戦《たたか》いが起《お》こった。
この戦《いくさ》で長州藩《ちょうしゅうはん》は敗《やぶ》れ、追《お》い詰《つ》められた久坂《くさか》は自《みずか》ら命《いのち》を絶《た》ったんだ。
……………。
【四国艦隊下関砲撃《しこくかんたいしものせきほうげき》（1864年《ねん》）】イギリス、フランス、アメリカ、オランダの連合艦隊《れんごうかんたい》による外国船砲撃《がいこくせんほうげき》への報復《ほうふく》戦《せん》。長州藩《ちょうしゅうはん》が敗《やぶ》れる。

※関門海峡《かんもんかいきょう》……現在《げんざい》の山口県《やまぐちけん》と福岡県《ふくおかけん》を隔《へだ》てる海峡《かいきょう》。

同《おな》じころ、禁門《きんもん》の変《へん》の責任《せきにん》を追及《ついきゅう》するため、幕府《ばくふ》は長州攻撃《ちょうしゅうこうげき》（第《だい》1次《じ》長州征討《ちょうしゅうせいとう》）を計画《けいかく》したよ。
幕
長州藩《ちょうしゅうはん》は戦《たたか》わずに降伏《こうふく》。それに怒《おこ》った高杉晋作《たかすぎしんさく》や桂小五郎《かつらこごろう》が、武力《ぶりょく》で藩《はん》の実権《じっけん》を握《にぎ》り、倒幕《とうばく》（※）の方針《ほうしん》を定《さだ》めたんだ。
幕
長
倒幕《とうばく》の戦《たたか》いで活躍《かつやく》したのが、高杉《たかすぎ》が創設《そうせつ》した西洋式《せいようしき》の軍隊《ぐんたい》『奇兵隊《きへいたい》』だよ。
38
身分《みぶん》にとらわれずに兵士《へいし》を集《あつ》めた奇兵隊《きへいたい》は、松陰《しょういん》の『草莽崛起《そうもうくっき》』を具体化《ぐたいか》した軍隊《ぐんたい》だったんだ。
松陰《しょういん》さんの志《こころざし》を受《う》け継《つ》いだんだね！

※倒幕《とうばく》……武力《ぶりょく》などで幕府《ばくふ》を倒《たお》すこと。

【第《だい》2次《じ》長州《ちょうしゅう》征討《せいとう》（1866年《ねん》）】幕府《ばくふ》は再《ふたた》び長州《ちょうしゅう》攻撃《こうげき》を計画《けいかく》した。しかし、奇兵隊《きへいたい》などの活躍《かつやく》によって幕府《ばくふ》が敗《やぶ》れた。
伊藤《いとう》博文《ひろぶみ》は、力士《りきし》を集《あつ》めた『力士隊《りきしたい》』を率《ひき》いて戦《たたか》ったよ。
あの伊藤《いとう》さんが？
第《だい》2次《じ》長州《ちょうしゅう》征討《せいとう》の失敗《しっぱい》によって、幕府《ばくふ》の弱体化《じゃくたいか》が明《あき》らかになると、一気《いっき》に倒幕《とうばく》の流《なが》れが加速《かそく》した。
薩
長
幕
長州藩《ちょうしゅうはん》は薩摩藩《さつまはん》などと協力《きょうりょく》して、1867年《ねん》に倒幕《とうばく》に成功《せいこう》し、新《あたら》しい日本《にっぽん》をつくっていくんだ。
これを『明治維新《めいじいしん》』と呼《よ》ぶよ。
明治維新《めいじいしん》
高杉晋作《たかすぎしんさく》は明治維新《めいじいしん》を見《み》ることなく、病気《びょうき》で亡《な》くなったけど、松陰《しょういん》の教《おし》えを受《う》けた桂小五郎《かつらこごろう》、山県有朋《やまがたありとも》、そしてあの伊藤博文《いとうひろぶみ》も、明治新政府《めいじしんせいふ》の中《なか》で重要《じゅうよう》な仕事《しごと》をしたんだ。

39

木戸《きど》孝允《たかよし》(桂小五郎《かつらこごろう》)は明治新政府《めいじしんせいふ》の中心人物《ちゅうしんじんぶつ》となり、『五箇条《ごかじょう》の御誓文《ごせいもん》』の発表《はっぴょう》、版籍奉還《はんせきほうかん》、廃藩置県《はいはんちけん》の実施《じっし》など重要《じゅうよう》な政策《せいさく》を実現《じつげん》したのち、1877年《ねん》に亡《な》くなった。
五箇条《ごかじょう》の御誓文《ごせいもん》
(新《あたら》しい国《くに》づくりの5つの方針《ほうしん》)
一、政治《せいじ》のことは、会議《かいぎ》を開《ひら》き、みんなの意見《いけん》で決《き》めよう。
一、国民《こくみん》は心《こころ》を合《あ》わせ、国《くに》の政策《せいさく》を行《おこな》おう。
一、国民《こくみん》の志《こころざし》が叶《かな》えられるようにしよう。
一、これまでの古《ふる》いしきたりを改《あらた》めよう。
一、新《あたら》しい知識《ちしき》を世界《せかい》に学《まな》び、国《くに》を栄《さか》えさせよう。
版籍奉還《はんせきほうかん》
廃藩置県《はいはんちけん》
江戸時代《えどじだい》の日本《にっぽん》は藩《はん》に分《わ》かれていたが、その仕組《しく》みを改《あらた》めて、現在《げんざい》の47都道府県《とどうふけん》のもとになる府《ふ》や県《けん》を置《お》いた。
40
木戸《きど》の死後《しご》には、あの伊藤博文《いとうひろぶみ》が政府《せいふ》の中心人物《ちゅうしんじんぶつ》になったんだ。そして1882年《ねん》にヨーロッパへ渡《わた》り、ドイツやオーストリアで法律《ほうりつ》や政治《せいじ》を学《まな》んだよ。
伊藤《いとう》さんも出世《しゅっせ》できたんだ!!

1885年《ねん》には内閣制度《ないかくせいど》をつくり、初代《しょだい》の内閣総理大臣《ないかくそうりだいじん》に任命《にんめい》された。
内閣総理大臣
そして1889年《ねん》に発布《はっぷ》された『大日本帝国憲法《だいにほんていこくけんぽう》』や、1890年《ねん》に開設《かいせつ》された『帝国議会《ていこくぎかい》（国会《こっかい》）』などで新《あたら》しい国《くに》づくりを進《すす》めていったんだ。
貧《まず》しい農家《のうか》の生《う》まれから日本初《にっぽんはつ》の総理大臣《そうりだいじん》になり、新《あたら》しい国《くに》の仕組《しく》みを整《ととの》えた伊藤《いとう》は、松下村塾《しょうかそんじゅく》の塾生《じゅくせい》の中《なか》で一番《いちばん》えらくなった人物《じんぶつ》だとも言《い》えるんだ。
で、でも……。
才能《さいのう》もないし、勉強《べんきょう》もできなかったはずなのに!!
それは塾《じゅく》に入《はい》ったばかりのころの評価《ひょうか》だけど、同時《どうじ》に『素直《すなお》なところがいい』とも松陰《しょういん》は言《い》っていたんだ。

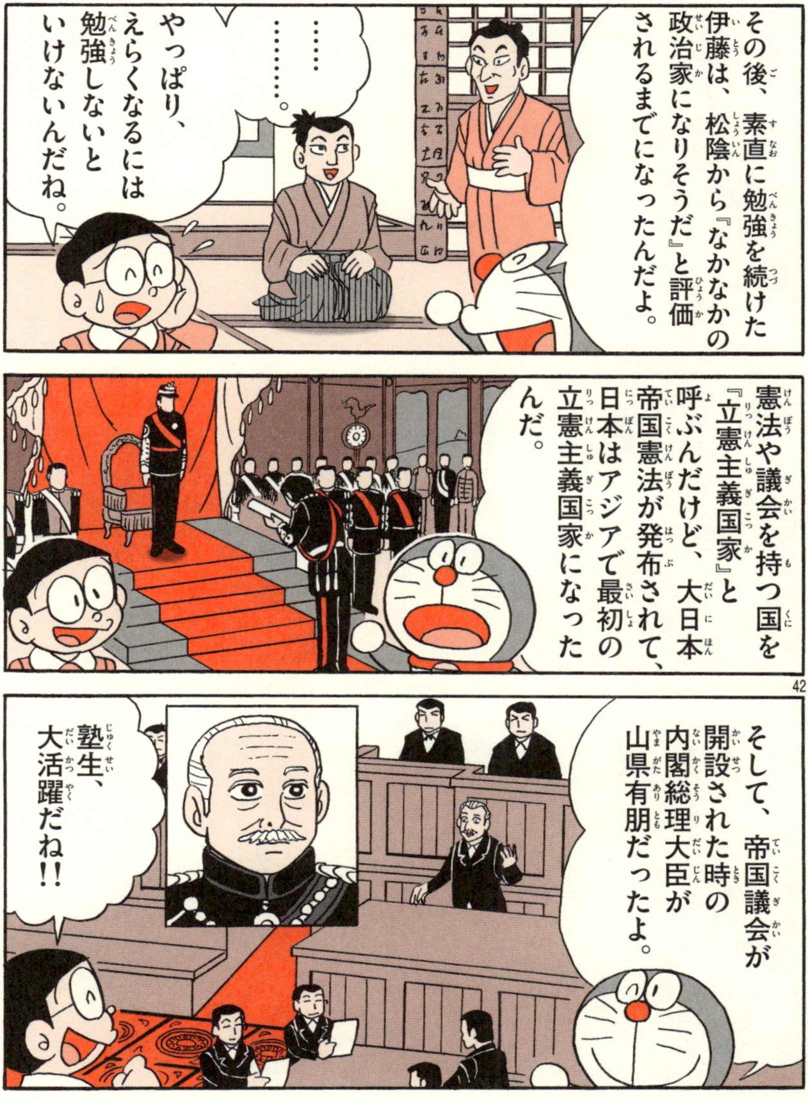
その後《ご》、素直《すなお》に勉強《べんきょう》を続《つづ》けた伊藤《いとう》は、松陰《しょういん》から『なかなかの政治家《せいじか》になりそうだ』と評価《ひょうか》されるまでになったんだよ。
……………。
やっぱり、えらくなるには勉強《べんきょう》しないといけないんだね。
憲法《けんぽう》や議会《ぎかい》を持《も》つ国《くに》を『立憲主義国家《りっけんしゅぎこっか》』と呼《よ》ぶんだけど、大日本《だいにほん》帝国憲法《ていこくけんぽう》が発布《はっぷ》されて、日本《にっぽん》はアジアで最初《さいしょ》の立憲主義国家《りっけんしゅぎこっか》になったんだ。
42
そして、帝国議会《ていこくぎかい》が開設《かいせつ》された時《とき》の内閣総理大臣《ないかくそうりだいじん》が山県有朋《やまがたありとも》だったよ。
塾生《じゅくせい》、大活躍《だいかつやく》だね!!

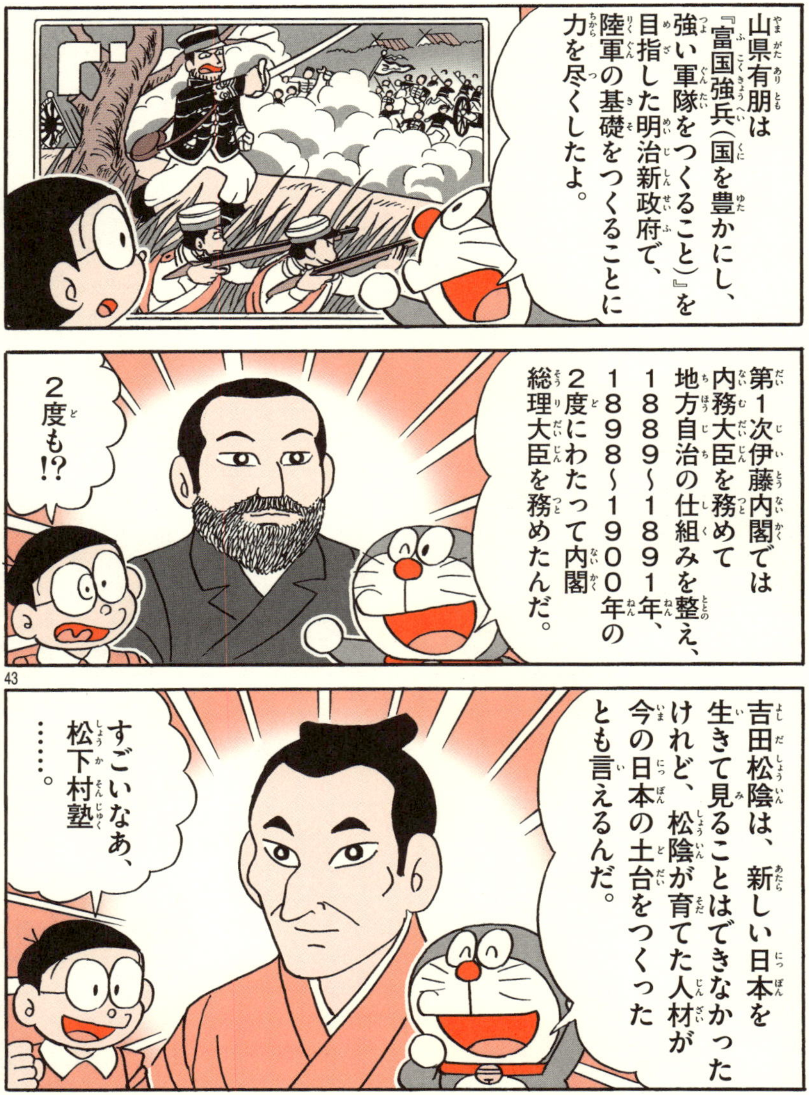
山県《やまがた》有朋《ありとも》は『富国強兵《ふこくきょうへい》（国《くに》を豊《ゆた》かにし、強《つよ》い軍隊《ぐんたい》をつくること）』を目指《めざ》した明治《めいじ》新政府《しんせいふ》で、陸軍《りくぐん》の基礎《きそ》をつくることに力《ちから》を尽《つ》くしたよ。
第《だい》1次《じ》伊藤《いとう》内閣《ないかく》では内務大臣《ないむだいじん》を務《つと》めて地方自治《ちほうじち》の仕組《しく》みを整《ととの》え、1889～1891年《ねん》、1898～1900年《ねん》の2度《ど》にわたって内閣《ないかく》総理大臣《そうりだいじん》を務《つと》めたんだ。
2度《ど》も!?
吉田松陰《よしだしょういん》は、新《あたら》しい日本《にっぽん》を生《い》きて見《み》ることはできなかったけれど、松陰《しょういん》が育《そだ》てた人材《じんざい》が今《いま》の日本《にっぽん》の土台《どだい》をつくったとも言《い》えるんだ。
すごいなあ、松下村塾《しょうかそんじゅく》……。

43

吉田松陰《よしだしょういん》と門下生《もんかせい》たちの絆《きずな》が、日本《にっぽん》を変《か》える原動力《げんどうりょく》だったんだね!!

松下村塾《しょうかそんじゅく》（山口県《やまぐちけん》）ほか
明治維新《めいじいしん》を育《はぐ》んだ萩《はぎ》の町《まち》を歩《ある》こう！

松陰神社《しょういんじんじゃ》の境内《けいだい》には、当時《とうじ》の建物《たてもの》が保存《ほぞん》されている。

松陰神社《しょういんじんじゃ》

世界遺産《せかいいさん》【松下村塾《しょうかそんじゅく》】

住所《じゅうしょ》／山口県萩市椿東《やまぐちけんはぎしちんとう》 1537

www.shoin-jinja.jp

吉田松陰《よしだしょういん》の生涯《しょうがい》

一八三〇	長州藩《ちょうしゅうはん》（山口県《やまぐちけん》）の下級武士《かきゅうぶし》の家《いえ》に生《う》まれる。
一八四〇	藩主《はんしゅ》の前《まえ》で兵学《へいがく》を講義《こうぎ》する。 アヘン戦争《せんそう》
一八四八	明倫館《めいりんかん》の正式《せいしき》な先生《せんせい》になる。
一八五〇	九州地方《きゅうしゅうちほう》へ遊学《ゆうがく》し、熊本藩《くまもとはん》の宮部鼎蔵《みやべていぞう》に出会《であ》う。
一八五一	江戸《えど》・東北地方《とうほくちほう》へ遊学《ゆうがく》し、佐久間象山《さくましょうざん》らに学《まな》ぶ。
一八五三	ペリー来航《らいこう》 長崎《ながさき》からロシア船《せん》での密航《みっこう》を企《くわだ》て、失敗《しっぱい》する。

【城下町《じょうかまち》】

住所《じゅうしょ》／山口県萩市呉服町《やまぐちけんはぎしごふくまち》、南古萩町《みなみふるはぎまち》など

hagishi.com/course/jyokamachi.html

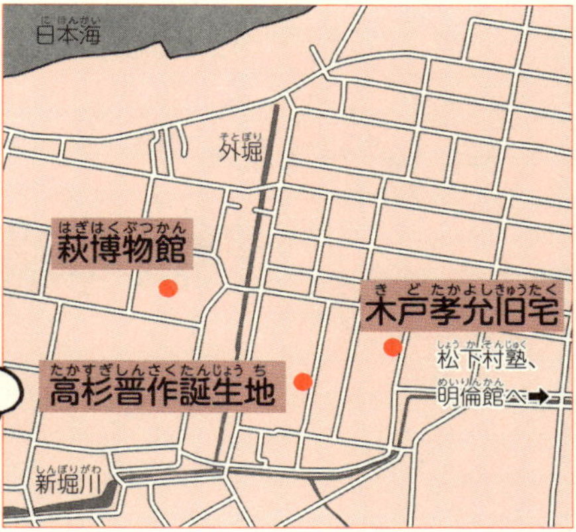

【旧萩藩校明倫館《きゅうはぎはんこうめいりんかん》】

住所《じゅうしょ》／山口県萩市江向《やまぐちけんはぎしえむかい》

hagishi.com/search/detail.php?d=100040

幕末当時《ばくまつとうじ》の門《もん》や道場《どうじょう》、水練池《すいれんいけ》（プール）が残《のこ》っている。

一八五四	ペリー再来航《さいらいこう》 日米和親条約《にちべいわしんじょうやく》 ペリーの船《ふね》での密航《みっこう》を企《くわだ》て、失敗《しっぱい》。牢屋《ろうや》に入《い》れられる。
一八五五	牢内《ろうない》で講義《こうぎ》をはじめる。
一八五七	松下村塾《しょうかそんじゅく》で講義《こうぎ》をはじめる。久坂玄瑞《くさかげんずい》、高杉晋作《たかすぎしんさく》、伊藤博文《いとうひろぶみ》、松下村塾《しょうかそんじゅく》に入門《にゅうもん》。
一八五八	山県有朋《やまがたありとも》、松下村塾《しょうかそんじゅく》に入門《にゅうもん》。 日米修好通商条約《にちべいしゅうこうつうしょうじょうやく》 安政《あんせい》の大獄《たいごく》 老中暗殺計画《ろうじゅうあんさつけいかく》の罪《つみ》で捕《つか》まる。
一八五九	江戸《えど》で処刑《しょけい》される（30歳没《さいぼつ》）。

第《だい》2章《しょう》

新《あたら》しい日本《にっぽん》を夢見《ゆめみ》た風雲児《ふううんじ》
坂本《さかもと》龍馬《りょうま》

また!!
……
………。
ショボン
どうしたの?
毎《まい》日《にち》いやなことばっかり!!
……
………。

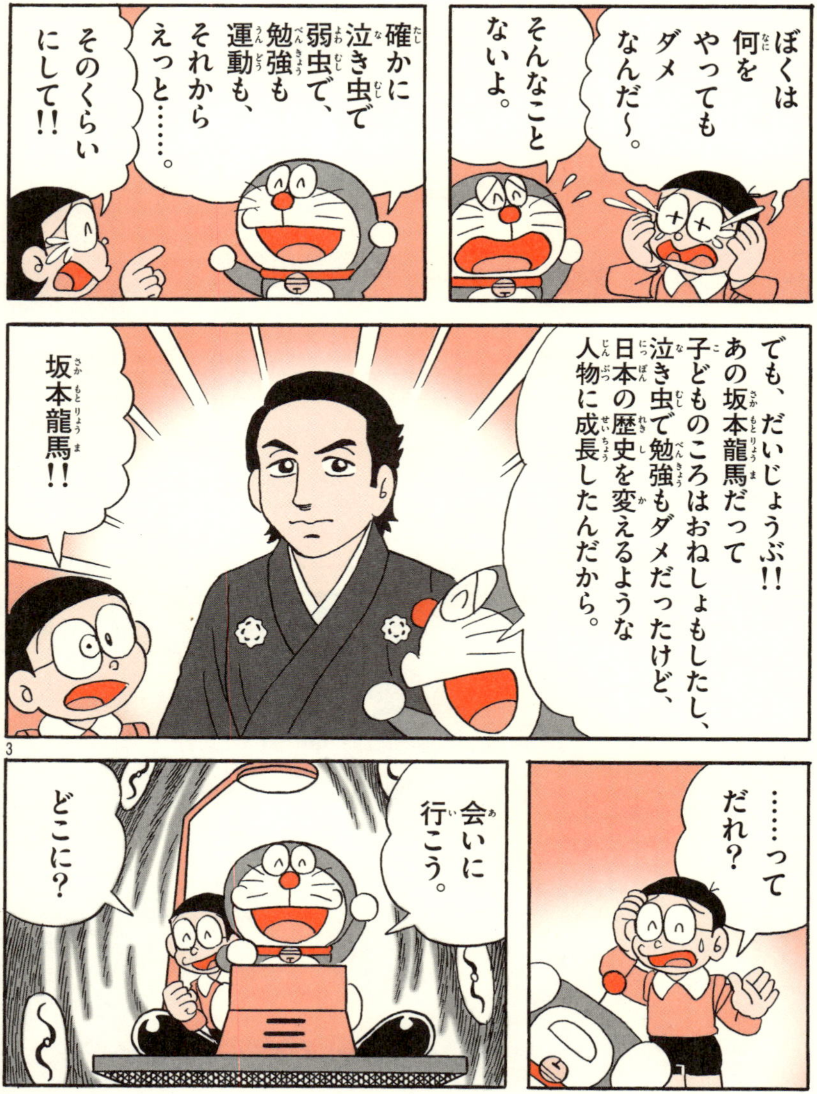
ぼくは何《なに》をやってもダメなんだ〜。
そんなことないよ。
確《たし》かに泣《な》き虫《むし》で弱虫《よわむし》で、勉強《べんきょう》も運動《うんどう》も、それからえっと……。
そのくらいにして!!
でも、だいじょうぶ!! あの坂本龍馬《さかもとりょうま》だって子《こ》どものころはおねしょもしたし、泣《な》き虫《むし》で勉強《べんきょう》もダメだったけど、日本《にっぽん》の歴史《れきし》を変《か》えるような人物《じんぶつ》に成長《せいちょう》したんだから。
坂本龍馬《さかもとりょうま》!!
……ってだれ?
会《あ》いに行《い》こう。
どこに?

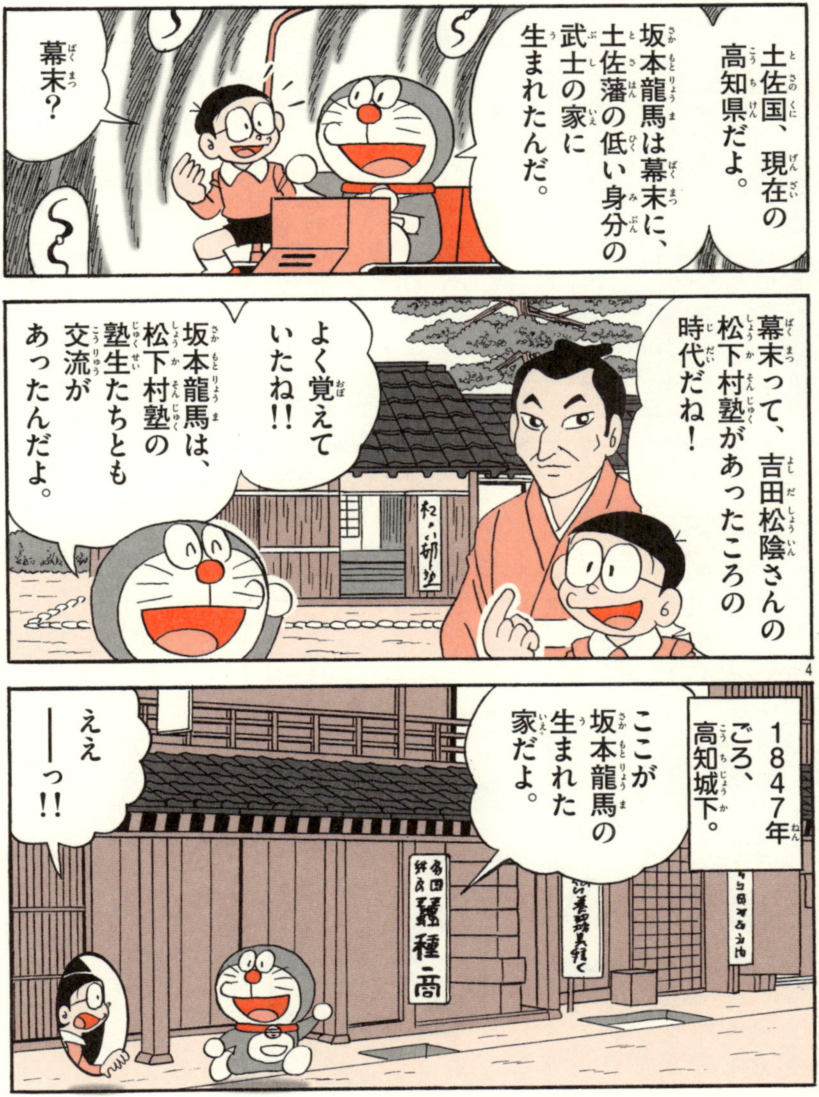

土佐国《とさのくに》、現在《げんざい》の高知県《こうちけん》だよ。
坂本龍馬《さかもとりょうま》は幕末《ばくまつ》に、土佐藩《とさはん》の低《ひく》い身分《みぶん》の武士《ぶし》の家《いえ》に生《う》まれたんだ。
幕末《ばくまつ》？
幕末《ばくまつ》って、吉田松陰《よしだしょういん》さんの松下村塾《しょうかそんじゅく》があったころの時代《じだい》だね！
よく覚《おぼ》えていたね!!
坂本龍馬《さかもとりょうま》は、松下村塾《しょうかそんじゅく》の塾生《じゅくせい》たちとも交流《こうりゅう》があったんだよ。
1847年《ねん》ごろ、高知城下《こうちじょうか》。
ここが坂本龍馬《さかもとりょうま》の生《う》まれた家《いえ》だよ。
ええ——っ!!

身分《みぶん》の低《ひく》い武士《ぶし》なのに立派《りっぱ》な家《いえ》だね!!
坂本家《さかもとけ》は、一族《いちぞく》に『才谷屋《さいたにや》』という城下《じょうか》でも指折《ゆびお》りの商人《しょうにん》がいたので、龍馬《りょうま》の家《いえ》も身分《みぶん》のわりに裕福《ゆうふく》だったんだよ。
ややっ!!
本当《ほんとう》におねしょしてる!!
のび太《た》くんは笑《わら》えないでしょ。
アハハハ
龍馬《りょうま》は10歳過《さいす》ぎてもおねしょをしていたといわれているよ。
えーっ!?
じゃあ、ぼくもまだだいじょうぶだね。
そういう問題《もんだい》かなあ……。

がーん
何《なん》だ何《なん》だ。
いい年《とし》して、まだこんな字《じ》が読《よ》めないの!?
しっかり勉強《べんきょう》しなくちゃ、えらい武士《ぶし》にはなれないわよ!!
ぼやぼやしないで、次《つぎ》は剣術《けんじゅつ》の稽古《けいこ》よ!
さあ、かかってきなさい!!
や～～～。

7

※目録《もくろく》……剣術《けんじゅつ》などの武術《ぶじゅつ》で、一定《いってい》の修行《しゅぎょう》を積《つ》むともらえる証書《しょうしょ》。

次《つぎ》は1853年《ねん》の江戸《えど》。
北辰《ほくしん》一刀流《いっとうりゅう》千葉《ちば》道場《どうじょう》へ行《い》くよ。
バンバンバン
見《み》て!! あの人《ひと》、すごく強《つよ》いよ!
よく見《み》てごらん。
坂本龍馬《さかもとりょうま》だよ。
うわーっ、本当《ほんとう》だ!!
まるで別人《べつじん》だね!
江戸《えど》に出《で》た龍馬《りょうま》は、幕末《ばくまつ》の江戸《えど》三大道場《さんだいどうじょう》の一《ひと》つ、北辰一刀流《ほくしんいっとうりゅう》の千葉道場《ちばどうじょう》で修行《しゅぎょう》を積《つ》み、のちに塾頭《じゅくとう》（リーダー）になったんだよ。

きみたちは?
ぼく、のび太《た》。こっちはドラえもんです。
剣術《けんじゅつ》に興味《きょうみ》があるなら、やってみる?
さあさあ。
あわわっ。
うわっ。
ひえっ。
ポ
ン
ポ
ン
ポ
ン
ポコ
どひゃ――!!

どうだった?
もうこりごりです。
何《なん》だかきみを見《み》てると、昔《むかし》のぼくを思《おも》い出《だ》すよ。
……
………。
龍馬《りょうま》さん、お茶《ちゃ》が入《はい》りましたよ。
ありがとう。
10
あの人《ひと》は?
千葉《ちば》さな子《こ》。この道場《どうじょう》の先生《せんせい》・千葉定吉《ちばさだきち》の娘《むすめ》で、当時《とうじ》の龍馬《りょうま》の恋人《こいびと》だよ。
あんなかわいい人《ひと》が!?

ぼくも剣術《けんじゅつ》をやろうかな。
何《なに》考《かん》えているんだか……。
そういえば……
出発前《しゅっぱつまえ》に、龍馬《りょうま》さんは『日本《にっぽん》の歴史《れきし》を変《か》えるような人《ひと》になった』って言《い》ってたけど……
あんなに強《つよ》いんだから、有名《ゆうめい》な剣士《けんし》になったの？
いや……龍馬《りょうま》は剣《けん》よりも強《つよ》いものを見《み》つけたんだ。
そのきっかけが、龍馬《りょうま》が江戸《えど》で剣術《けんじゅつ》を学《まな》んでいた1854年《ねん》に起《お》こった日本《にっぽん》を揺《ゆ》るがす大事件《だいじけん》、ペリーの2度目《どめ》の来航《らいこう》だよ。
松陰《しょういん》さんが密航《みっこう》しようとした時《とき》のことだね!!

その時《とき》、龍馬《りょうま》は土佐藩《とさはん》の命令《めいれい》で沿岸警備《えんがんけいび》のために出動《しゅつどう》したんだ。
出発前《しゅっぱつまえ》に龍馬《りょうま》は家族《かぞく》にあてて、『戦《いくさ》になったら異国人《いこくじん》の首《くび》を討《う》ちとって帰国《きこく》します』と手紙《てがみ》を書《か》いているよ。
勇《いさ》ましいね！
でも、実際《じっさい》にアメリカの軍艦《ぐんかん》を見《み》た龍馬《りょうま》は、刀《かたな》や槍《やり》では敵《かな》いそうにないことに気《き》がついたんだ。

そして、ペリーの2度目《どめ》の来航《らいこう》のあと、時代《じだい》は大《おお》きく動《うご》きはじめたよ。
1854年《ねん》3月《がつ》、幕府《ばくふ》は「日米《にちべい》和親条約《わしんじょうやく》」をアメリカと結《むす》ぶ。
1858年《ねん》6月《がつ》、幕府《ばくふ》は朝廷《ちょうてい》の許可《きょか》を得《え》ず、「日米修好通商条約《にちべいしゅうこうつうしょうじょうやく》」に調印《ちょういん》。
1858年《ねん》9月《がつ》、「安政《あんせい》の大獄《たいごく》」がはじまり、幕府《ばくふ》は攘夷派《じょういは》の人《ひと》びとを厳《きび》しくとり締《し》まる。
1860年《ねん》3月《がつ》、幕府《ばくふ》の大老《たいろう》・井伊直弼《いいなおすけ》が「桜田門外《さくらだもんがい》の変《へん》」で攘夷派《じょういは》の志士《しし》に殺《ころ》される。
アメリカの武力《ぶりょく》を恐《おそ》れた幕府《ばくふ》は、「鎖国《さこく》」から「開国《かいこく》」へ方針《ほうしん》を転換《てんかん》。開国《かいこく》に反対《はんたい》する攘夷派《じょういは》の武士《ぶし》たちは、幕府《ばくふ》に対《たい》する批判《ひはん》を強《つよ》め、両者《りょうしゃ》の対立《たいりつ》が深《ふか》まっていった。

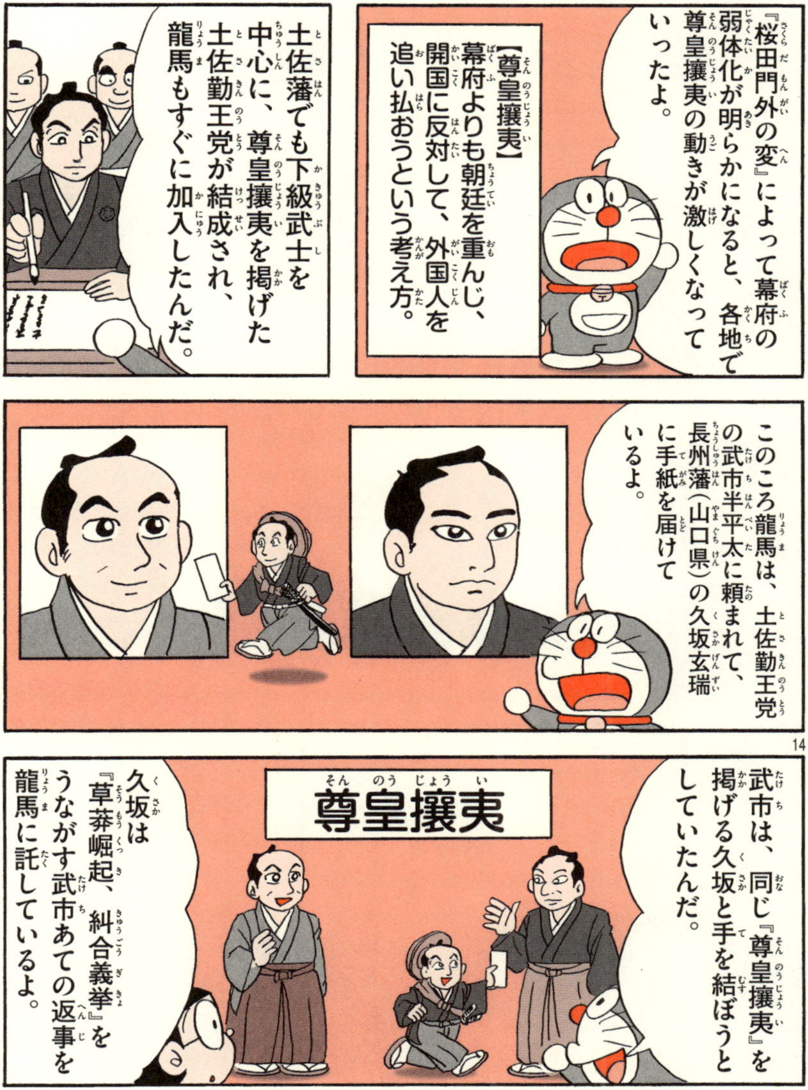

『桜田門外《さくらだもんがい》の変《へん》』によって幕府《ばくふ》の弱体化《じゃくたいか》が明《あき》らかになると、各地《かくち》で尊皇攘夷《そんのうじょうい》の動《うご》きが激《はげ》しくなっていったよ。
【尊皇攘夷《そんのうじょうい》】幕府《ばくふ》よりも朝廷《ちょうてい》を重《おも》んじ、開国《かいこく》に反対《はんたい》して、外国人《がいこくじん》を追《お》い払《はら》おうという考《かんが》え方《かた》。
土佐藩《とさはん》でも下級武士《かきゅうぶし》を中心《ちゅうしん》に、尊皇攘夷《そんのうじょうい》を掲《かか》げた土佐勤王党《とさきんのうとう》が結成《けっせい》され、龍馬《りょうま》もすぐに加入《かにゅう》したんだ。
このころ龍馬《りょうま》は、土佐勤王党《とさきんのうとう》の武市半平太《たけちはんぺいた》に頼《たの》まれて、長州藩《ちょうしゅうはん》（山口県《やまぐちけん》）の久坂玄瑞《くさかげんずい》に手紙《てがみ》を届《とど》けているよ。
武市《たけち》は、同《おな》じ『尊皇攘夷《そんのうじょうい》』を掲《かか》げる久坂《くさか》と手《て》を結《むす》ぼうとしていたんだ。
尊皇攘夷《そんのうじょうい》
久坂《くさか》は『草莽崛起《そうもうくっき》、糾合義挙《きゅうごうぎきょ》』をうながす武市《たけち》あての返事《へんじ》を龍馬《りょうま》に託《たく》しているよ。

14

『草莽崛起《そうもうくっき》』は
松陰《しょういん》さんの教《おし》えだよね。
でも、『きゅうごうぎきょ』って？
『正義《せいぎ》のために力《ちから》を合《あ》わせよう』って意味《いみ》の言葉《ことば》だよ。
糾合義挙《きゅうごうぎきょ》
次《つぎ》は1862年《ねん》、春《はる》。土佐国《とさのくに》と伊予国《いよのくに》（愛媛県《えひめけん》）の境《さかい》にある韮崎峠《にらさきとうげ》だよ。
むっ！
何者《なにもの》だ!!
え？
あれ？のび太《た》くんか。
こりゃ妙《みょう》な所《ところ》で会《あ》ったね。
龍馬《りょうま》さん！

15

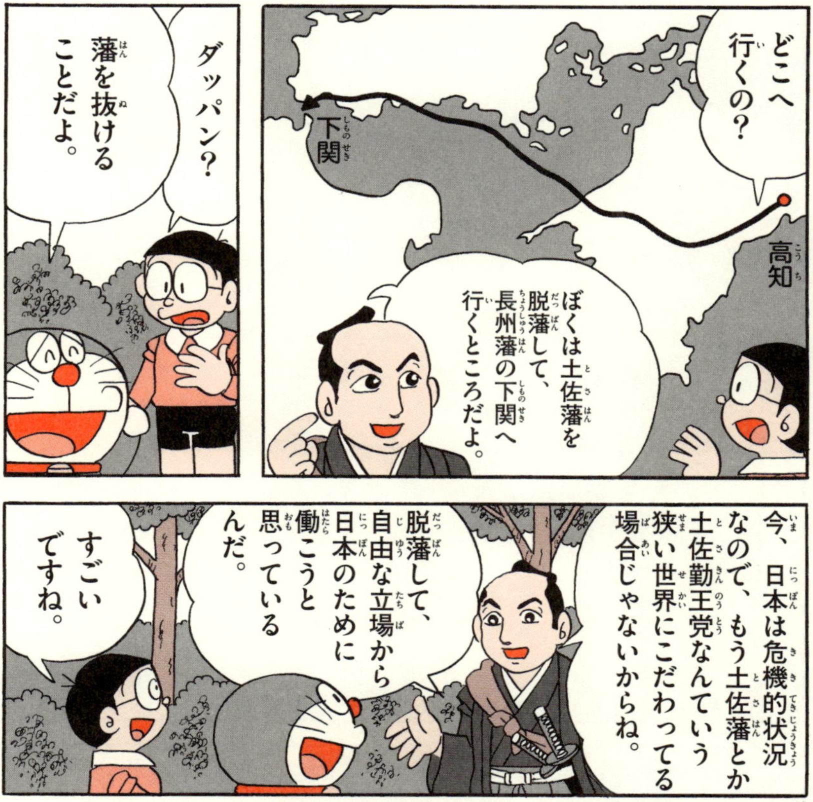
どこへ行《い》くの?
高知《こうち》
下関《しものせき》
ぼくは土佐藩《とさはん》を脱藩《だっぱん》して、長州藩《ちょうしゅうはん》の下関《しものせき》へ行《い》くところだよ。
ダッパン?
藩《はん》を抜《ぬ》けることだよ。
今《いま》、日本《にっぽん》は危機的状況《ききてきじょうきょう》なので、もう土佐藩《とさはん》とか土佐勤王党《とさきんのうとう》なんていう狭《せま》い世界《せかい》にこだわってる場合《ばあい》じゃないからね。
脱藩《だっぱん》して、自由《じゆう》な立場《たちば》から日本《にっぽん》のために働《はたら》こうと思《おも》っているんだ。
すごいですね。
じゃあね。
……
何《なん》だか楽《たの》しそう。
そうでもないんだよ。
どうして?

16

脱藩《だっぱん》するということは、武士《ぶし》にとって身分《みぶん》や仕事《しごと》を失《うしな》うことだから、藩《はん》の命令《めいれい》に従《したが》わなくてもいい反面《はんめん》、生活《せいかつ》はとても不安定《ふあんてい》になってしまうんだ。
だから、とても重大《じゅうだい》な決断《けつだん》だったんだよ。
そんなに大変《たいへん》なことだったのか。
そんなことをして、龍馬《りょうま》さんはこの先《さき》どうなっちゃうの？
脱藩《だっぱん》して自由《じゆう》になった龍馬《りょうま》は日本各地《にっぽんかくち》を回《まわ》って、日本《にっぽん》の将来《しょうらい》について考《かんが》えているいろいろな人《ひと》と交流《こうりゅう》し、成長《せいちょう》していったよ。
その様子《ようす》を見《み》に行《い》こう。
17
1862年《ねん》、龍馬《りょうま》が脱藩《だっぱん》した年《とし》の江戸《えど》。
龍馬《りょうま》にもっとも大《おお》きな影響《えいきょう》を与《あた》えた人物《じんぶつ》といわれている、勝海舟《かつかいしゅう》の家《いえ》だよ。

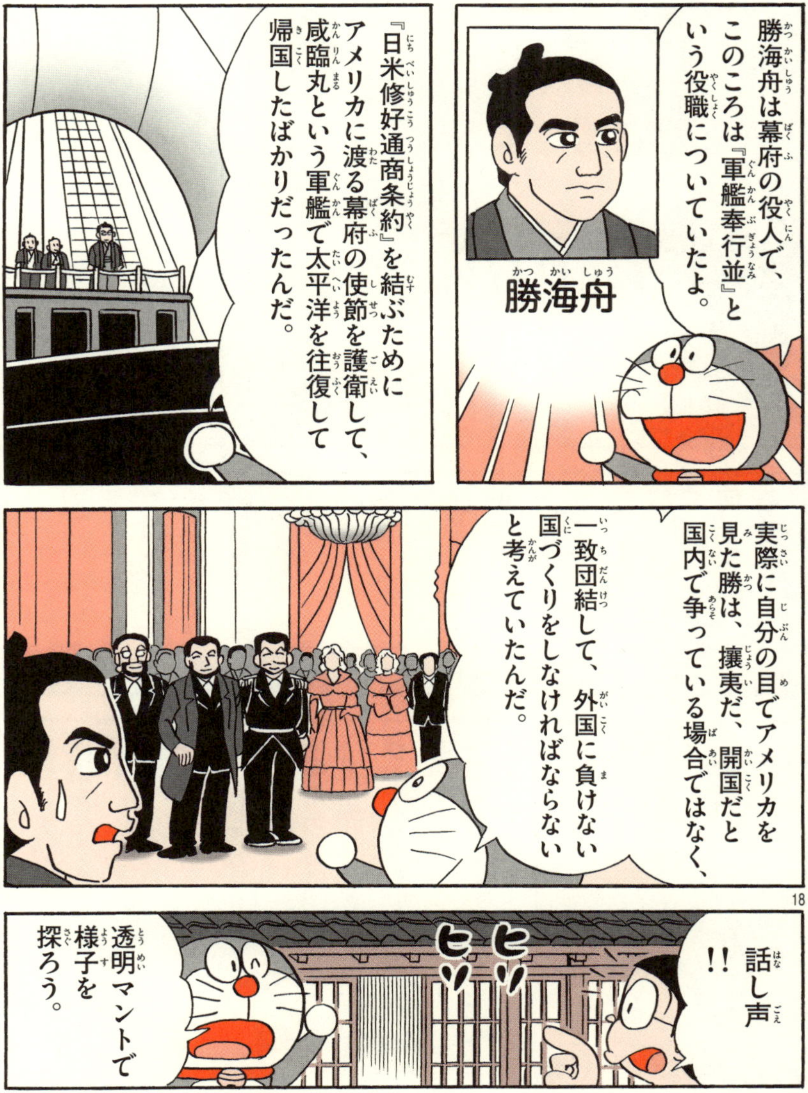
勝海舟《かつかいしゅう》は幕府《ばくふ》の役人《やくにん》で、このころは『軍艦奉行並《ぐんかんぶぎょうなみ》』という役職《やくしょく》についていたよ。
勝海舟《かつかいしゅう》
『日米修好通商条約《にちべいしゅうこうつうしょうじょうやく》』を結《むす》ぶためにアメリカに渡《わた》る幕府《ばくふ》の使節《しせつ》を護衛《ごえい》して、咸臨丸《かんりんまる》という軍艦《ぐんかん》で太平洋《たいへいよう》を往復《おうふく》して帰国《きこく》したばかりだったんだ。
実際《じっさい》に自分《じぶん》の目《め》でアメリカを見《み》た勝《かつ》は、攘夷《じょうい》だ、開国《かいこく》だと国内《こくない》で争《あらそ》っている場合《ばあい》ではなく、一致団結《いっちだんけつ》して、外国《がいこく》に負《ま》けない国《くに》づくりをしなければならないと考《かんが》えていたんだ。
18
話《はな》し声《ごえ》!!
ヒソ
ヒソ
透明《とうめい》マントで様子《ようす》を探《さぐ》ろう。

勝《かつ》さんは開国《かいこく》、開国《かいこく》と言《い》いますが、私《わたし》は攘夷《じょうい》こそが必要《ひつよう》だと思《おも》います!!
あなたのような幕府《ばくふ》の役人《やくにん》がそんな弱腰《よわごし》だから、アメリカなどの外国《がいこく》にますます好《す》き勝手《かって》にされてしまうのではないですか!?
ふふふ。
きみたちは攘夷《じょうい》、攘夷《じょうい》と言《い》うけれど、今《いま》、外国《がいこく》と戦《たたか》っても勝《か》てないよ。
攘夷《じょうい》よりも前《まえ》に、日本《にっぽん》にはやるべきことがある!!
何《なん》ですか、それは?
外国《がいこく》に負《ま》けない海軍《かいぐん》をつくることさ。
そのためには開国《かいこく》して、外国《がいこく》と貿易《ぼうえき》を盛《さか》んにして経済《けいざい》を豊《ゆた》かにし、外国《がいこく》の進《すす》んだ技術《ぎじゅつ》をとり入《い》れなければならないだろ?
………
なるほど……。

19

そうだ!! 今《いま》、若者《わかもの》たちに航海術《こうかいじゅつ》を教《おし》えて、新《あたら》しい日本《にっぽん》の海軍《かいぐん》をつくるために『海軍操練所《かいぐんそうれんじょ》』を開設《かいせつ》しようと考《かんが》えているから、坂本《さかもと》くんも手伝《てつだ》ってみないか?
それは面白《おもしろ》そうですね!!
分《わ》かりました、私《わたし》にも手伝《てつだ》わせてください!!
こうして勝海舟《かつかいしゅう》の弟子《でし》になった龍馬《りょうま》は、海軍操練所《かいぐんそうれんじょ》設立《せつりつ》のため、勝《かつ》をたすけて働《はたら》くことになったんだ。
20
このころ龍馬《りょうま》は勝《かつ》の紹介《しょうかい》で、その後《ご》の人生《じんせい》に深《ふか》くかかわる人物《じんぶつ》と出会《であ》っているよ。
それが当時《とうじ》、薩摩藩《さつまはん》(鹿児島県《かごしまけん》)の中心人物《ちゅうしんじんぶつ》だった西郷隆盛《さいごうたかもり》だよ。
西郷隆盛《さいごうたかもり》

よく分《わ》からない人《ひと》だな……小《ちい》さく叩《たた》けば小《ちい》さく響《ひび》き、大《おお》きく叩《たた》けば大《おお》きく響《ひび》く釣《つ》り鐘《がね》みたいだ……。
馬鹿《ばか》なら大《おお》きな馬鹿《ばか》で、利口《りこう》なら大《おお》きな利口《りこう》……どちらにしても大人物《だいじんぶつ》にちがいない。
神戸海軍操練所《こうべかいぐんそうれんじょ》
塾頭《じゅくとう》
龍馬《りょうま》が勝海舟《かつかいしゅう》に弟子入《でしい》りした翌年《よくとし》の1863年《ねん》、神戸《こうべ》（兵庫県《ひょうごけん》）に海軍操練所《かいぐんそうれんじょ》をつくることが許可《きょか》され、龍馬《りょうま》はその塾頭《じゅくとう》を任《まか》された（※）。
このころ龍馬《りょうま》は姉《あね》の乙女《おとめ》に、こんな手紙《てがみ》を書《か》いたよ。
このごろは軍学者《ぐんがくしゃ》・勝海舟大先生《かつかいしゅうだいせんせい》の弟子《でし》になり、ことのほかかわいがられて、ひそかに自慢顔《じまんがお》になっています。エヘン、エヘン。

21

※龍馬《りょうま》が塾頭《じゅくとう》を務《つと》めたのは、勝《かつ》の私塾《しじゅく》「海軍塾《かいぐんじゅく》」だったという説《せつ》など諸説《しょせつ》あります。

じゃあきっと龍馬《りょうま》さんは、勝《かつ》さんがつくった新《あたら》しい海軍《かいぐん》でえらい人《ひと》になったんだね!!
いや……
実《じつ》は1864年《ねん》に発足《ほっそく》した神戸《こうべ》海軍《かいぐん》操練所《そうれんじょ》は、たった1年《ねん》で閉鎖《へいさ》されてしまったんだよ。
えっ、
どうして!?
22
神戸《こうべ》海軍《かいぐん》操練所《そうれんじょ》ができたのとちょうど同《おな》じころ、幕府《ばくふ》と長州藩《ちょうしゅうはん》のあいだに対立《たいりつ》が起《お》こったことが原因《げんいん》だったよ。
当時《とうじ》、朝廷《ちょうてい》がある京都《きょうと》では、尊皇攘夷派《そんのうじょういは》の長州藩《ちょうしゅうはん》が勢力《せいりょく》を伸《の》ばして、幕府《ばくふ》と激《はげ》しく対立《たいりつ》していた。
【池田屋事件《いけだやじけん》（1864年《ねん》6月《がつ》）】尊皇攘夷派《そんのうじょういは》の志士《しし》が京都《きょうと》で暴動《ぼうどう》を起《お》こそうとしている疑《うたが》いのあることを察知《さっち》した幕府側《ばくふがわ》の新選組《しんせんぐみ》（※）が、彼《かれ》らが集《つど》っていた旅館《りょかん》の池田屋《いけだや》を襲撃《しゅうげき》。多《おお》くの尊皇攘夷派《そんのうじょういは》の志士《しし》が討《う》ちとられた。
【禁門《きんもん》の変《へん》（1864年《ねん》7月《がつ》）】 京都《きょうと》での勢力《せいりょく》回復《かいふく》を図《はか》る長州藩《ちょうしゅうはん》と、幕府側《ばくふがわ》の会津藩《あいづはん》（福島《ふくしま》県《けん》）、薩摩藩《さつまはん》などとのあいだに戦《たたか》いが起《お》こり、敗《やぶ》れた長州藩《ちょうしゅうはん》は京都《きょうと》から追《お》い出《だ》された。

※新選組《しんせんぐみ》について詳《くわ》しくは、この本《ほん》の第《だい》3章《しょう》を読《よ》んでね!!

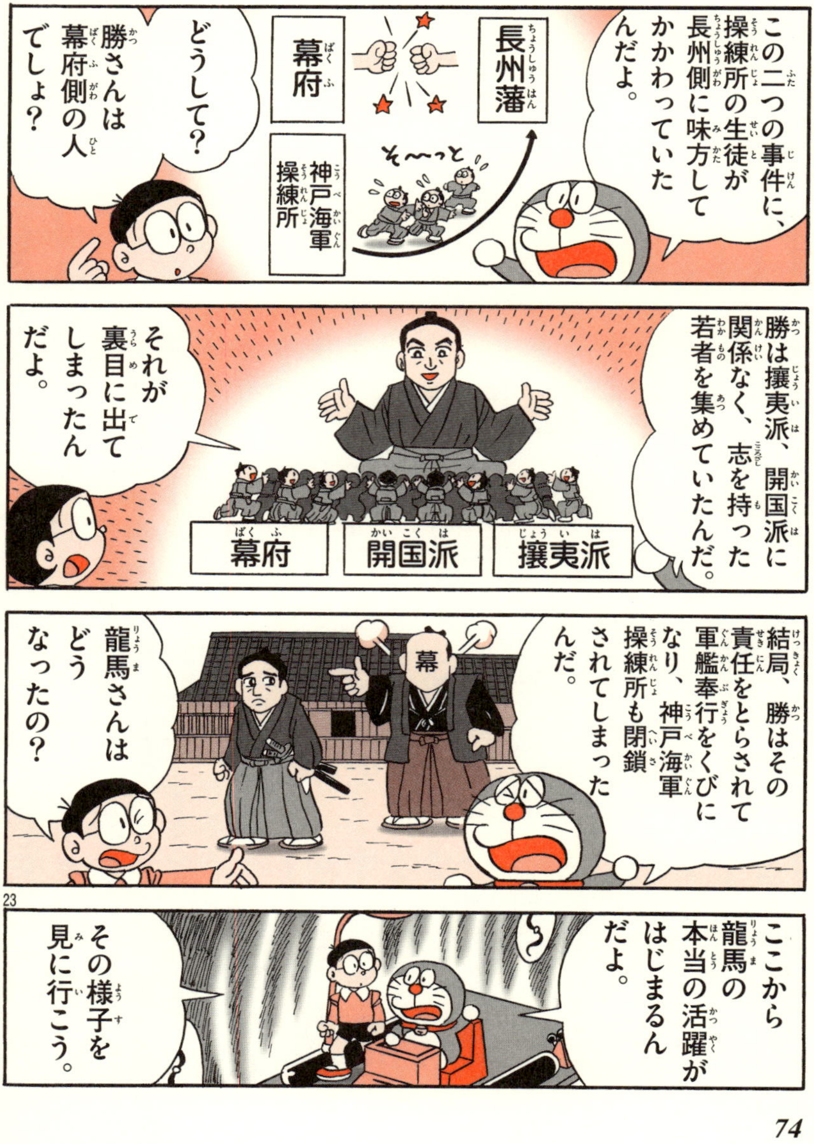
この二《ふた》つの事件《じけん》に、操練所《そうれんじょ》の生徒《せいと》が長州側《ちょうしゅうがわ》に味方《みかた》してかかわっていたんだよ。
長州藩《ちょうしゅうはん》
幕府《ばくふ》
神戸海軍《こうべかいぐん》操練所《そうれんじょ》
そ〜っと
どうして?
勝《かつ》さんは幕府側《ばくふがわ》の人《ひと》でしょ?
勝《かつ》は攘夷派《じょういは》、開国派《かいこくは》に関係《かんけい》なく、志《こころざし》を持《も》った若者《わかもの》を集《あつ》めていたんだ。
幕府《ばくふ》
開国派《かいこくは》
攘夷派《じょういは》
それが裏目《うらめ》に出《で》てしまったんだよ。
結局《けっきょく》、勝《かつ》はその責任《せきにん》をとらされて軍艦奉行《ぐんかんぶぎょう》をくびになり、神戸海軍《こうべかいぐん》操練所《そうれんじょ》も閉鎖《へいさ》されてしまったんだ。
幕
龍馬《りょうま》さんはどうなったの?
ここから龍馬《りょうま》の本当《ほんとう》の活躍《かつやく》がはじまるんだよ。
その様子《ようす》を見《み》に行《い》こう。

23

1865年《ねん》、長崎港《ながさきこう》。
長崎《ながさき》（長崎県《ながさきけん》）は鎖国時代《さこくじだい》も海外貿易《かいがいぼうえき》の窓口《まどぐち》になっていたが、幕府《ばくふ》が諸外国《しょがいこく》とのあいだに結《むす》んだ修好通商条約《しゅうこうつうしょうじょうやく》によって、外国《がいこく》の船《ふね》が自由《じゆう》に寄港《きこう》できることになり、本格的《ほんかくてき》な国際貿易港《こくさいぼうえきこう》として発展《はってん》していた。

24

亀山社中《かめやましゃちゅう》
神戸海軍操練所《こうべかいぐんそうれんじょ》が閉鎖《へいさ》されたのち、龍馬《りょうま》は薩摩藩《さつまはん》の西郷隆盛《さいごうたかもり》の協力《きょうりょく》を得《え》て、ここ長崎《ながさき》に『亀山社中《かめやましゃちゅう》』という貿易会社《ぼうえきがいしゃ》を設立《せつりつ》したんだ。
亀山社中《かめやましゃちゅう》は、日本《にっぽん》で最初《さいしょ》の株式会社《かぶしきがいしゃ》だといわれているよ。

カブシキ ガイシャ？
『株式《かぶしき》』を発行《はっこう》して、たくさんの人《ひと》や団体《だんたい》からお金《かね》を集《あつ》めて事業《じぎょう》を行《おこな》う仕組《しく》みだよ。
お金《かね》を出《だ》した人《ひと》や団体《だんたい》は、その割合《わりあい》に応《おう》じて、利益《りえき》から分《わ》け前《まえ》をもらえるんだ。
亀山社中《かめやましゃちゅう》にお金《かね》を出《だ》したのは薩摩藩《さつまはん》、福井藩《ふくいはん》、土佐藩《とさはん》、大洲藩《おおずはん》（愛媛県《えひめけん》）などだよ。
これらの藩《はん》は、藩《はん》の経済《けいざい》を豊《ゆた》かにして強《つよ》い軍隊《ぐんたい》をつくるために、貿易《ぼうえき》に力《ちから》を入《い》れようとしていたんだよ。
おや？
のび太《た》くんとドラえもんじゃないか。
いつも妙《みょう》な所《ところ》で会《あ》うね。
あ、龍馬《りょうま》さん！

どこへ行《い》くの？
商談《しょうだん》のために、イギリス人《じん》が経営《けいえい》している貿易会社《ぼうえきがいしゃ》『グラバー商会《しょうかい》』に行《い》くところだよ。
長州藩《ちょうしゅうはん》のために最新式《さいしんしき》の鉄砲《てっぽう》や蒸気船《じょうきせん》を買《か》おうと思《おも》ってね。
どうして武器《ぶき》なんか買《か》うの!?
今《いま》、長州藩《ちょうしゅうはん》は存亡《そんぼう》の危機《きき》に立《た》たされているからだよ。
えーっ!!
蛤御門《はまぐりごもん》の変《へん》に敗《やぶ》れた上《うえ》に、幕府《ばくふ》が『長州《ちょうしゅう》征討《せいとう》』の軍勢《ぐんぜい》を送《おく》ろうとしているんですよね。
よく知《し》っているね!!

26

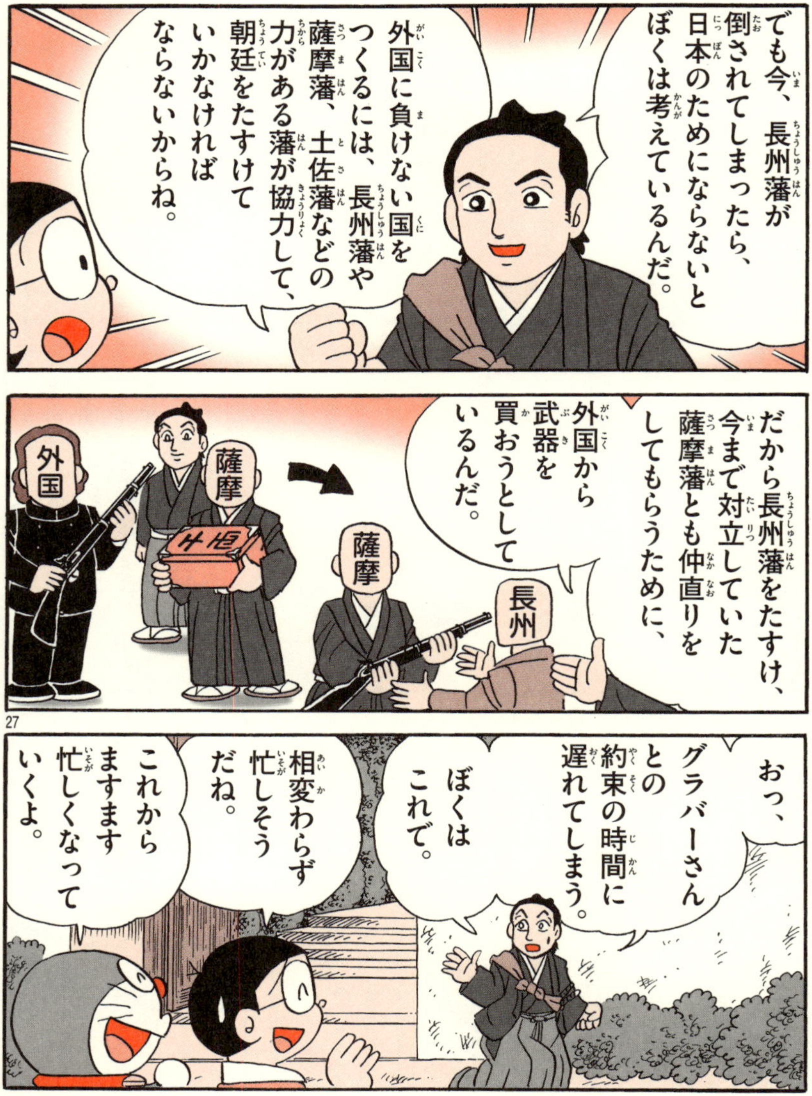
でも今《いま》、長州藩《ちょうしゅうはん》が倒《たお》されてしまったら、日本《にっぽん》のためにならないとぼくは考《かんが》えているんだ。
外国《がいこく》に負《ま》けない国《くに》をつくるには、長州藩《ちょうしゅうはん》や薩摩藩《さつまはん》、土佐藩《とさはん》などの力《ちから》がある藩《はん》が協力《きょうりょく》して、朝廷《ちょうてい》をたすけていかなければならないからね。
だから長州藩《ちょうしゅうはん》をたすけ、今《いま》まで対立《たいりつ》していた薩摩藩《さつまはん》とも仲直《なかなお》りをしてもらうために、
外国《がいこく》から武器《ぶき》を買《か》おうとしているんだ。
外国
薩摩
薩摩
長州
27
おっ、グラバーさんとの約束《やくそく》の時間《じかん》に遅《おく》れてしまう。
ぼくはこれで。
相変《あいか》わらず忙《いそが》しそうだね。
これからますます忙《いそが》しくなっていくよ。

武器《ぶき》の調達《ちょうたつ》を通《とお》して薩摩藩《さつまはん》と長州藩《ちょうしゅうはん》を結《むす》びつけた龍馬《りょうま》は翌年《よくとし》、薩摩藩《さつまはん》の西郷隆盛《さいごうたかもり》と長州藩《ちょうしゅうはん》の桂小五郎《かつらこごろう》を引《ひ》き合《あ》わせて、『薩長《さっちょう》同盟《どうめい》』を結《むす》ぶことに成功《せいこう》したんだ。
これからは小《ちい》さな日本《にっぽん》の中《なか》で争《あらそ》っていてはいけません。長州藩《ちょうしゅうはん》と薩摩藩《さつまはん》には、これまでの争《あらそ》いを水《みず》に流《なが》して手《て》を結《むす》び、日本《にっぽん》のために働《はたら》いていただきたい。
分《わ》かりました。
この同盟《どうめい》は、薩摩藩《さつまはん》と長州藩《ちょうしゅうはん》が手《て》を結《むす》んで幕府《ばくふ》に対抗《たいこう》することを決《き》めた軍事同盟《ぐんじどうめい》だったよ。
28
薩長同盟《さっちょうどうめい》を結《むす》んだ直後《ちょくご》、幕府《ばくふ》は『禁門《きんもん》の変《へん》』を起《お》こした長州藩《ちょうしゅうはん》をこらしめるために、戦争《せんそう》を仕掛《しか》けたんだ。
幕府
長州

その時《とき》、龍馬《りょうま》は薩摩藩《さつまはん》が長州藩《ちょうしゅうはん》のためにイギリスから買《か》った軍艦《ぐんかん》『ユニオン号《ごう》』に乗《の》って、長州藩《ちょうしゅうはん》のために駆《か》けつけたよ。
幕府
長州

そして、長州藩《ちょうしゅうはん》の高杉晋作《たかすぎしんさく》たちとともに幕府軍《ばくふぐん》と戦《たたか》って、幕府軍《ばくふぐん》を打《う》ち破《やぶ》ったんだ。
すごい!!

29

じゃあ、薩長同盟《さっちょうどうめい》も成功《せいこう》したみたいだし、これから龍馬《りょうま》さんたちの新《あたら》しい日本《にっぽん》の国《くに》づくりがはじまるんだね!
ところが、そうかんたんにはいかないんだよ。

まだ幕府《ばくふ》は力《ちから》を持《も》っていたし、龍馬《りょうま》の動《うご》きを快《こころよ》く思《おも》っていない人《ひと》も多《おお》かったんだ。
幕府
そのため、京都《きょうと》の寺田屋《てらだや》という旅館《りょかん》に宿泊《しゅくはく》していた龍馬《りょうま》は、幕府《ばくふ》の伏見奉行所《ふしみぶぎょうしょ》の役人《やくにん》に襲撃《しゅうげき》されて、ケガを負《お》ってしまったんだ。
ええーっ!! 龍馬《りょうま》さん、だいじょうぶだったの!?
30
これからお見舞《みま》いに行《い》こう。
1866年《ねん》春《はる》、京都《きょうと》の薩摩藩邸《さつまはんてい》。

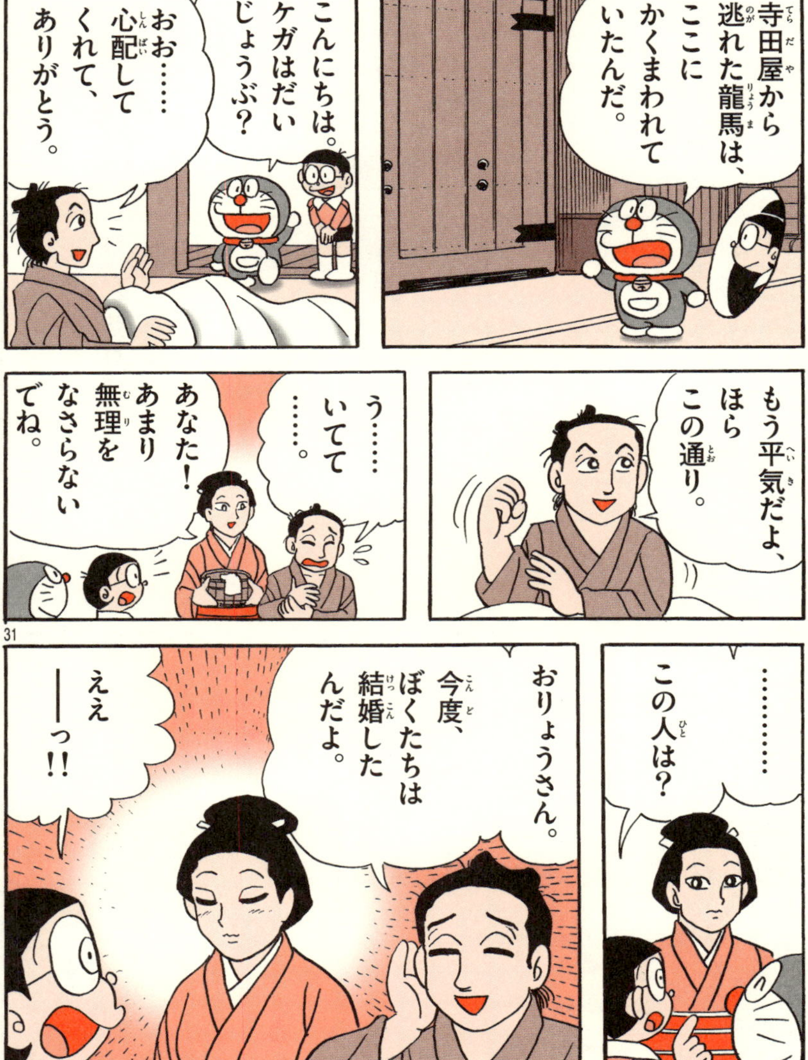
寺田屋《てらだや》から逃《のが》れた龍馬《りょうま》は、ここにかくまわれていたんだ。
こんにちは。ケガはだいじょうぶ？
おお……心配《しんぱい》してくれて、ありがとう。
もう平気《へいき》だよ、ほらこの通《とお》り。
う……いてて……。
あなた！あまり無理《むり》をなさらないでね。
………この人《ひと》は？
おりょうさん。今度《こんど》、ぼくたちは結婚《けっこん》したんだよ。
ええ——っ!!

31

さな子《こ》さんが恋人《こいびと》じゃなかったの？
龍馬《りょうま》が国《くに》のために走《はし》り回《まわ》るようになって、さな子《こ》とはなかなか会《あ》う機会《きかい》がなく親《した》しくなくなってしまったんだよ。
そうなんだ。
おりょうさんも、美人《びじん》だね。
ひそ ひそ
うらやましい。
何《なに》をこそこそ話《はな》しているんだい？
32
こっちにおいで、おりょうさんの武勇伝《ぶゆうでん》を話《はな》してあげるから。
まあ！またその話《はなし》ですか……。
？
実《じつ》は、寺田屋《てらだや》で襲《おそ》われた時《とき》……。

寺田屋《てらだや》2階《かい》
寺田屋《てらだや》1階《かい》
ドドド
ドドドド
大変《たいへん》！奉行所《ぶぎょうしょ》の役人《やくにん》だわ!!
33
ザバッ
バッ
ドドド

龍馬《りょうま》さん！奉行所《ぶぎょうしょ》の役人《やくにん》がっ!!
何《なに》っ!!
御用《ごよう》だ！
ドドドド
逃《に》がすな!!
34
バン
バン
ご無事《ぶじ》で……。

九死《きゅうし》に一生《いっしょう》を得《え》て、今《いま》は薩摩藩《さつまはん》にかくまわれているというわけさ。
あんな事件《じけん》があって京都《きょうと》にも居《い》づらいし、いい機会《きかい》だから九州《きゅうしゅう》へ旅《たび》に出《で》ようと思《おも》ってね。
外国《がいこく》では、結婚《けっこん》した二人《ふたり》が一緒《いっしょ》に旅行《りょこう》をする習慣《しゅうかん》があるらしいからね。
新婚旅行《しんこんりょこう》ですね！
いいなあ……。
……………。
35
新婚旅行《しんこんりょこう》か……
いい呼《よ》び方《かた》だね。
ええ……。
二人《ふたり》をじゃましちゃ悪《わる》いから、ぼくたちはこれで。
お幸《しあわ》せに。

龍馬《りょうま》とおりょうの九州《きゅうしゅう》旅行《りょこう》は、日本《にっぽん》で最初《さいしょ》の新婚《しんこん》旅行《りょこう》だったといわれているよ。
約《やく》50日間《にちかん》の長《なが》い旅行《りょこう》だったようだよ。
宮崎《みやざき》・鹿児島《かごしま》の県境《けんざかい》に位置《いち》する高千穂峰《たかちほのみね》に登《のぼ》った二人《ふたり》は、山頂《さんちょう》に突《つ》き刺《さ》さっている御神体《ごしんたい》「天逆鉾《あまのさかほこ》」を、好奇心《こうきしん》からか、引《ひ》き抜《ぬ》いてみたそうだ。
いいなあ。
36
薩長同盟《さっちょうどうめい》も成功《せいこう》したし、結婚《けっこん》もして、龍馬《りょうま》さんは幸《しあわ》せだね。
この先《さき》はのんびり暮《く》らせたのかなあ?
そうだといいんだけど……まだまだ龍馬《りょうま》にはやることがたくさんあったんだ。

新婚旅行《しんこんりょこう》から帰《かえ》った龍馬《りょうま》は、長崎《ながさき》で1867年《ねん》4月《がつ》に『亀山社中《かめやましゃちゅう》』を改《あらた》めて『海援隊《かいえんたい》』を設立《せつりつ》したよ。

でもその直後《ちょくご》、大事件《だいじけん》に巻《ま》き込《こ》まれたんだ。
事件《じけん》ってどんな?

37

海援隊《かいえんたい》が運航《うんこう》していた大洲藩《おおずはん》の商船《しょうせん》『いろは丸《まる》』が、瀬戸内海《せとないかい》で紀州藩《きしゅうはん》(和歌山県《わかやまけん》)の『明光丸《めいこうまる》』と衝突《しょうとつ》して沈没《ちんぼつ》してしまったんだ。

龍馬《りょうま》たちは紀州藩《きしゅうはん》に損害賠償《そんがいばいしょう》を求《もと》めたんだけど、紀州家《きしゅうけ》は徳川家《とくがわけ》の親戚《しんせき》で、将軍《しょうぐん》を出《だ》す高《たか》い身分《みぶん》の家柄《いえがら》だったので、龍馬《りょうま》たちの要求《ようきゅう》にとり合《あ》おうとはしなかったよ。
損害賠償《そんがいばいしょう》
徳川
紀州
そんなのずるいよ！
でも結局《けっきょく》、紀州藩《きしゅうはん》は賠償金《ばいしょうきん》の支払《しはら》いに応《おう》じたんだ。
どうして？
38
この時《とき》、龍馬《りょうま》が紀州藩《きしゅうはん》との交渉《こうしょう》で活用《かつよう》したのが『万国公法《ばんこくこうほう》』だよ。
萬国公法 二
萬国公法 三
萬国公法 四
萬国公法 五
萬国公法 六
バンコクコウホウ？
当時《とうじ》の国際法《こくさいほう》のことだよ。

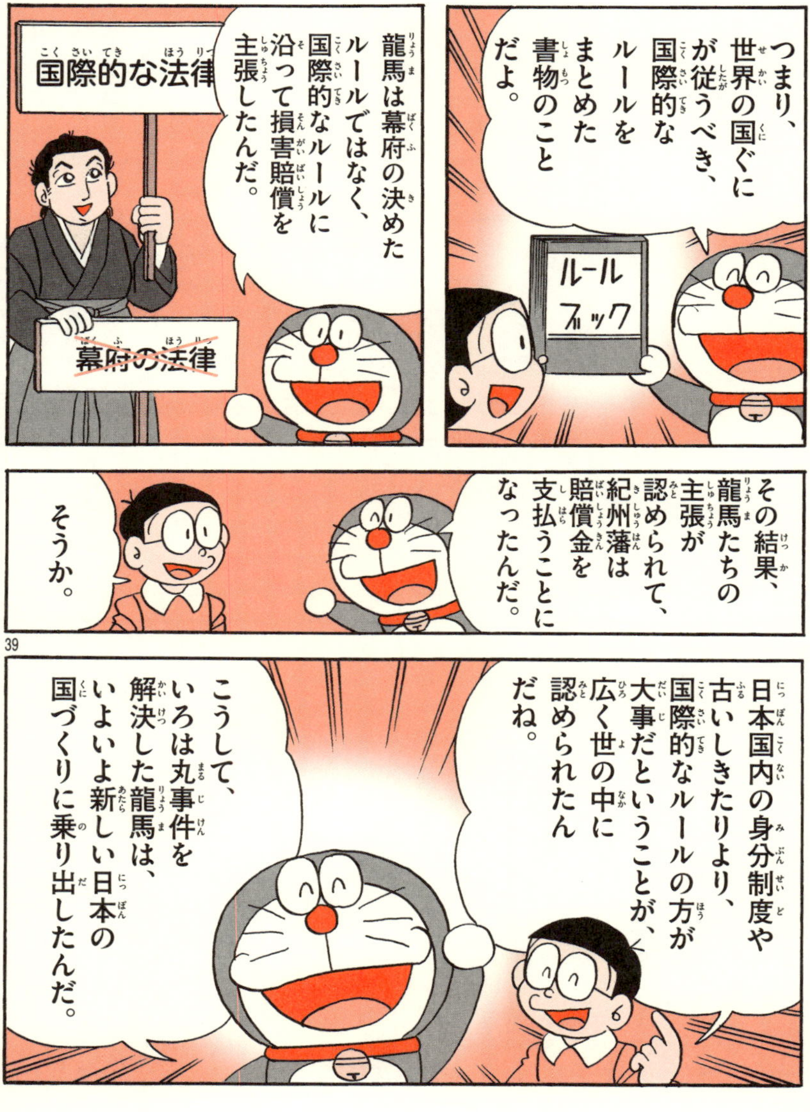

つまり、世界《せかい》の国《くに》ぐにが従《したが》うべき、国際的《こくさいてき》なルールをまとめた書物《しょもつ》のことだよ。
ルールブック
国際的《こくさいてき》な法律《ほうりつ》
幕府《ばくふ》の法律《ほうりつ》
龍馬《りょうま》は幕府《ばくふ》の決《き》めたルールではなく、国際的《こくさいてき》なルールに沿《そ》って損害賠償《そんがいばいしょう》を主張《しゅちょう》したんだ。
その結果《けっか》、龍馬《りょうま》たちの主張《しゅちょう》が認《みと》められて、紀州藩《きしゅうはん》は賠償金《ばいしょうきん》を支払《しはら》うことになったんだ。
そうか。
39
日本国内《にっぽんこくない》の身分制度《みぶんせいど》や古《ふる》いしきたりより、国際的《こくさいてき》なルールの方《ほう》が大事《だいじ》だということが、広《ひろ》く世《よ》の中《なか》に認《みと》められたんだね。
こうして、いろは丸事件《まるじけん》を解決《かいけつ》した龍馬《りょうま》は、いよいよ新《あたら》しい日本《にっぽん》の国《くに》づくりに乗《の》り出《だ》したんだ。

その第一歩《だいいっぽ》がここ。土佐藩《とさはん》の『夕顔丸《ゆうがおまる》』だ。
1867年《ねん》7月《がつ》に、長崎《ながさき》から京都《きょうと》へ向《む》かうところだよ。
こっそりのぞいてみよう。
あ、龍馬《りょうま》さんがだれかといるよ。
40
土佐藩《とさはん》の後藤象二郎《ごとうしょうじろう》。藩主《はんしゅ》の代理《だいり》で政治《せいじ》を行《おこな》う『参政《さんせい》』という重要《じゅうよう》な役職《やくしょく》の人《ひと》だよ。
もう一人《ひとり》は?
海援隊士《かいえんたいし》の長岡謙吉《ながおかけんきち》だ。

後藤《ごとう》さん、このまま幕府《ばくふ》と薩摩藩《さつまはん》、長州藩《ちょうしゅうはん》の対立《たいりつ》が深《ふか》まって内戦《ないせん》が起《お》こったら、そのすきに外国《がいこく》から侵略《しんりゃく》されてしまうかもしれません。
国内《こくない》での対立《たいりつ》を収《おさ》めて、日本《にっぽん》を一《ひと》つにする方策《ほうさく》を考《かんが》えたのですが、聞《き》いてくれませんか？
聞《き》かせてくれ。
私《わたし》が書《か》き留《と》めます。

41

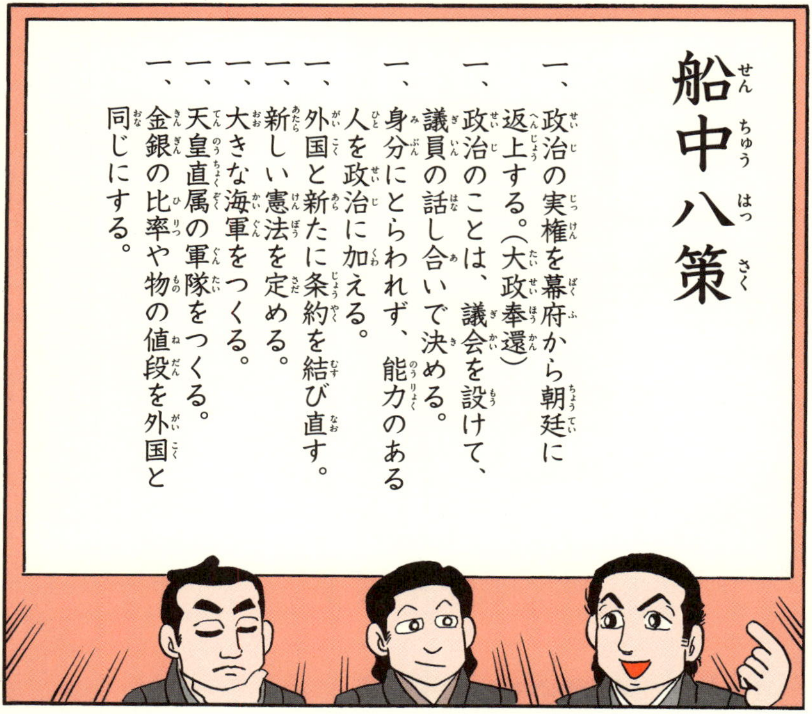
船《せん》中《ちゅう》八《はっ》策《さく》
一、政治《せいじ》の実権《じっけん》を幕府《ばくふ》から朝廷《ちょうてい》に返上《へんじょう》する。(大政奉還《たいせいほうかん》)
一、政治《せいじ》のことは、議会《ぎかい》を設《もう》けて、議員《ぎいん》の話《はな》し合《あ》いで決《き》める。
一、身分《みぶん》にとらわれず、能力《のうりょく》のある人《ひと》を政治《せいじ》に加《くわ》える。
一、外国《がいこく》と新《あら》たに条約《じょうやく》を結《むす》び直《なお》す。
一、新《あたら》しい憲法《けんぽう》を定《さだ》める。
一、大《おお》きな海軍《かいぐん》をつくる。
一、天皇《てんのう》直属《ちょくぞく》の軍隊《ぐんたい》をつくる。
一、金銀《きんぎん》の比率《ひりつ》や物《もの》の値段《ねだん》を外国《がいこく》と同《おな》じにする。

これは
いい考《かんが》えだ。
山内容堂《やまうちようどう》さまに
伝《つた》えよう!

このころ京都《きょうと》では薩摩藩《さつまはん》、土佐藩《とさはん》、宇和島藩《うわじまはん》(愛媛県《えひめけん》)、福井藩《ふくいはん》のリーダーたちが集《あつ》まり、新《あたら》しい日本《にっぽん》の政治制度《せいじせいど》を考《かんが》える会議《かいぎ》を開《ひら》いていたんだ。
前宇和島藩主《ぜんうわじまはんしゅ》
伊達宗城《だてむねなり》
前福井藩主《ぜんふくいはんしゅ》
松平春嶽《まつだいらしゅんがく》
前土佐藩主《ぜんとさはんしゅ》
山内容堂《やまうちようどう》
薩摩藩主《さつまはんしゅ》の父《ちち》
島津久光《しまづひさみつ》

42

土佐藩《とさはん》からは、前土佐藩主《ぜんとさはんしゅ》の山内容堂《やまうちようどう》が参加《さんか》していたので後藤《ごとう》はそこに龍馬《りょうま》の案《あん》を伝《つた》えに行《い》ったんだよ。

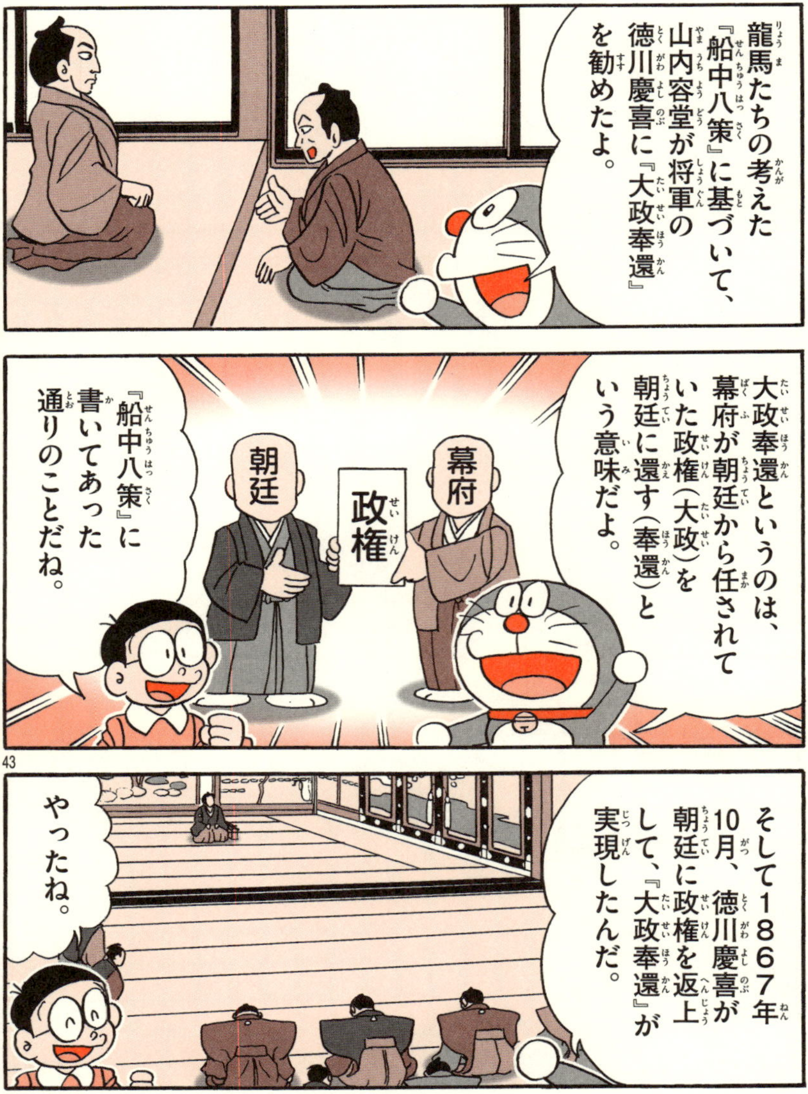
龍馬《りょうま》たちの考《かんが》えた『船中八策《せんちゅうはっさく》』に基《もと》づいて、山内容堂《やまうちようどう》が将軍《しょうぐん》の徳川慶喜《とくがわよしのぶ》に『大政奉還《たいせいほうかん》』を勧《すす》めたよ。
大政奉還《たいせいほうかん》というのは、幕府《ばくふ》が朝廷《ちょうてい》から任《まか》されていた政権《せいけん》（大政《たいせい》）を朝廷《ちょうてい》に還《かえ》す（奉還《ほうかん》）という意味《いみ》だよ。
幕府
政権《せいけん》
朝廷
『船中八策《せんちゅうはっさく》』に書《か》いてあった通《とお》りのことだね。
43
そして1867年《ねん》10月《がつ》、徳川慶喜《とくがわよしのぶ》が朝廷《ちょうてい》に政権《せいけん》を返上《へんじょう》して、『大政奉還《たいせいほうかん》』が実現《じつげん》したんだ。
やったね。

ところがその1か月後《げつご》……
龍馬《りょうま》は仲間《なかま》の中岡慎太郎《なかおかしんたろう》と
ともに、京都《きょうと》で
暗殺《あんさつ》されてしまったんだ。
ええ
——っ!!
せっかく夢《ゆめ》が
叶《かな》いそうに
なったところ
なのに！
龍馬《りょうま》の死後《しご》、薩摩藩《さつまはん》や
長州藩《ちょうしゅうはん》が中心《ちゅうしん》の新政府側《しんせいふがわ》と、
旧幕府側《きゅうばくふがわ》とのあいだで
戦《たたか》いが起《お》こった。これを
『戊辰戦争《ぼしんせんそう》』と呼《よ》ぶよ。
同《おな》じ
日本人同士《にっぽんじんどうし》で
戦《たたか》ったの!?

大政奉還《たいせいほうかん》はされたものの、新《あたら》しい政府《せいふ》には旧幕府《きゅうばくふ》の影響力《えいきょうりょく》が残《のこ》っていた。自分《じぶん》たちが政治《せいじ》の実権《じっけん》を握《にぎ》ろうと考《かんが》えた薩摩藩《さつまはん》や長州藩《ちょうしゅうはん》は、武力《ぶりょく》で幕府《ばくふ》を倒《たお》そうとしたんだよ。
幕府
長州藩《ちょうしゅうはん》
薩摩藩《さつまはん》
どうなったの？
1年以上《ねんいじょう》、東日本各地《ひがしにほんかくち》で戦《たたか》いが行《おこな》われた末《すえ》、戊辰戦争《ぼしんせんそう》が終《お》わったのは1869年《ねん》5月《がつ》のことだったよ。
45
そしてようやく、龍馬《りょうま》が夢見《ゆめみ》た新《あたら》しい日本《にっぽん》の歴史《れきし》がはじまったんだ。
20年後《ねんご》の1889年《ねん》には、大日本帝国憲法《だいにほんていこくけんぽう》が発布《はっぷ》されたよ。

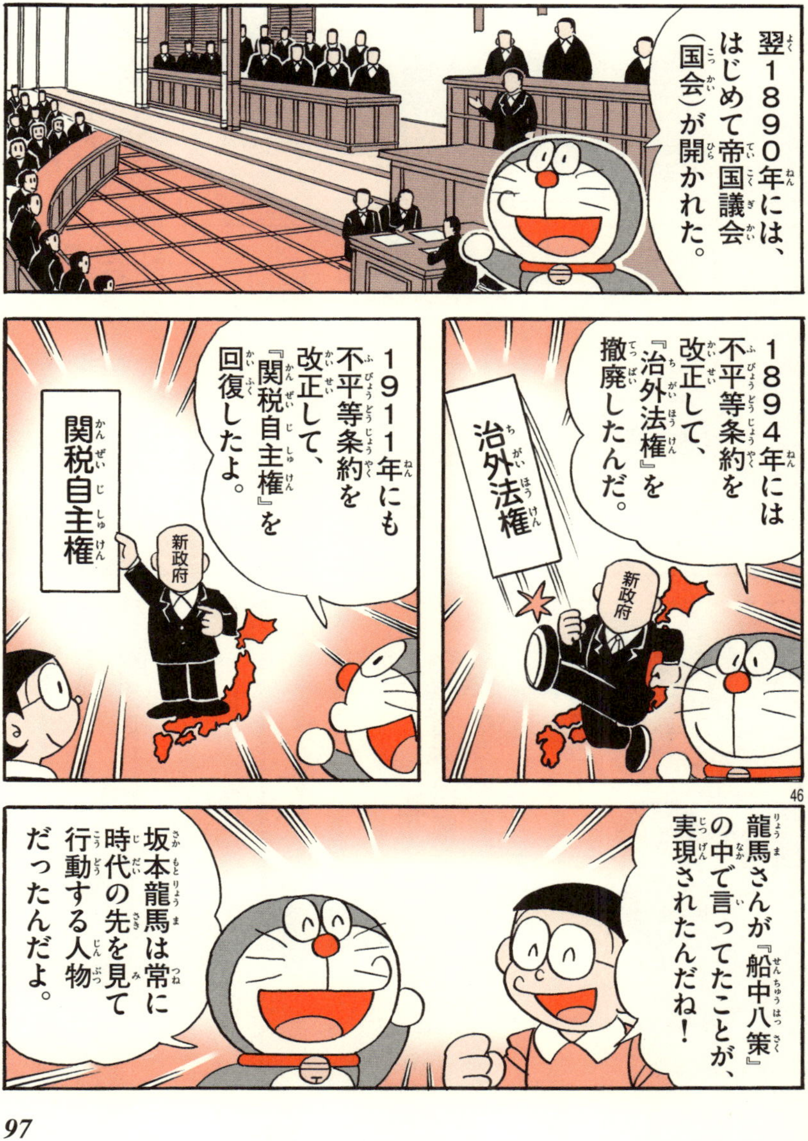
翌《よく》1890年《ねん》には、はじめて帝国議会《ていこくぎかい》(国会《こっかい》)が開《ひら》かれた。
1894年《ねん》には不平等条約《ふびょうどうじょうやく》を改正《かいせい》して、『治外法権《ちがいほうけん》』を撤廃《てっぱい》したんだ。
治外法権《ちがいほうけん》
新政府
1911年《ねん》にも不平等条約《ふびょうどうじょうやく》を改正《かいせい》して、『関税自主権《かんぜいじしゅけん》』を回復《かいふく》したよ。
関税自主権《かんぜいじしゅけん》
新政府
46
龍馬《りょうま》さんが『船中八策《せんちゅうはっさく》』の中《なか》で言《い》ってたことが、実現《じつげん》されたんだね!
坂本龍馬《さかもとりょうま》は常《つね》に時代《じだい》の先《さき》を見《み》て行動《こうどう》する人物《じんぶつ》だったんだよ。

例《たと》えばこんなエピソードが伝《つた》えられているよ。
久《ひさ》しぶり。
ずいぶん短《みじか》い刀《かたな》だな。長《なが》い方《ほう》が格好《かっこう》いいのに。
実戦《じっせん》では短《みじか》い方《ほう》が扱《あつか》いやすいから、ぼくはこれでいいんだ。
なるほどなあ……。
47
しばらくのち。
おっ。
きみの言《い》う通《とお》り、私《わたし》も短《みじか》い刀《かたな》にしたよ。
刀《かたな》はもう古《ふる》い。これからは、こいつの時代《じだい》だよ。

またしばしのち。
ようやく私《わたし》もピストルを入手《にゅうしゅ》したぞ。
いやー、高《たか》かった。
……………。
これからは武力《ぶりょく》ではなく、こいつが物《もの》を言《い》う時代《じだい》がやってくるよ。
萬国公法 一
何《なん》じゃそれは。
48
これは世界《せかい》の国《くに》ぐにが守《まも》るべき約束事《やくそくごと》を書《か》いた『万国公法《ばんこくこうほう》』さ。
これからは法律《ほうりつ》を武器《ぶき》に、世界《せかい》の国《くに》ぐにと渡《わた》り合《あ》う時代《じだい》がやってくるよ。
萬国公法 一
……
……………。

古《ふる》いしきたりや前例《ぜんれい》にとらわれず、柔軟《じゅうなん》に物事《ものごと》を考《かんが》える坂本龍馬《さかもとりょうま》は、なかなか理解《りかい》されず、同《おな》じ時代《じだい》の人《ひと》に暗殺《あんさつ》されてしまったけど……
現代《げんだい》の日本《にっぽん》に続《つづ》く、新《あたら》しい国《くに》のかたちを描《えが》き出《だ》した人《ひと》だったんだ。
だから最初《さいしょ》に『日本《にっぽん》の歴史《れきし》を変《か》えるような人物《じんぶつ》』って言《い》ったんだね。
すごいなあ。ぼくも日本《にっぽん》にこだわらず、世界《せかい》サイズの夢《ゆめ》を見《み》るぞ!
次《つぎ》の日《ひ》。
のび太《た》——っ!!

夢《ゆめ》を持《も》つなら、龍馬《りょうま》のようにドーンと大《おお》きなサイズの夢《ゆめ》がいいね!!

高《こう》知《ち》県《けん》、長《なが》崎《さき》県《けん》、京《きょう》都《と》府《ふ》

いつかは巡《めぐ》りたい 龍《りょう》馬《ま》ゆかりの地《ち》

遺品《いひん》などの展示品《てんじひん》から、龍馬《りょうま》の生涯《しょうがい》を学《まな》べる。

【高知県立坂本龍馬記念館《こうちけんりつさかもとりょうまきねんかん》】

住所《じゅうしょ》／高知県高知市浦戸城山《こうちけんこうちしうらどしろやま》 830

www.ryoma-kinenkan.jp

坂本龍馬像《さかもとりょうまぞう》

坂本龍馬《さかもとりょうま》の生涯《しょうがい》

- 一八三五　土佐藩《とさはん》（高知県《こうちけん》）の下級武士《かきゅうぶし》の次男《じなん》として生《う》まれる。
- 一八五三　剣術修行《けんじゅつしゅぎょう》のため江戸《えど》に上《のぼ》る。ペリー来航《らいこう》
- 一八五四　ペリー再来航《さいらいこう》 江戸湾《えどわん》の警備《けいび》に出動《しゅつどう》する。日米和親条約《にちべいわしんじょうやく》
- 一八五八　日米修好通商条約《にちべいしゅうこうつうしょうじょうやく》 安政《あんせい》の大獄《たいごく》
- 一八六一　土佐勤王党《とさきんのうとう》に加《くわ》わる。
- 一八六二　土佐藩《とさはん》を脱藩《だっぱん》する。勝海舟《かつかいしゅう》に弟子入《でしい》りする。

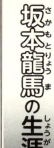

境内《けいだい》に坂本龍《さかもとりょう》馬《ま》と中岡慎太《なかおかしんた》郎《ろう》の墓《はか》があり、幕末維新《ばくまついしん》ミュージアム「霊山歴《りょうぜんれき》史館《しかん》」が併設《へいせつ》されている。

【京都霊山護國神社《きょうとりょうぜんごこくじんじゃ》】

住所《じゅうしょ》／京都府京都市東山区清閑寺《きょうとふきょうとしひがしやまくせいかんじ》霊山町《りょうざんちょう》 1

www.gokoku.or.jp

【長崎市亀山社中記念館《ながさきしかめやましゃちゅうきねんかん》】

住所《じゅうしょ》／長崎県長崎市伊良林《ながさきけんながさきしいらばやし》 2-7-24

www.city.nagasaki.lg.jp/kameyama/index2.html

亀山社中跡《かめやましゃちゅうあと》と伝《つた》えられる建物《たてもの》を改装《かいそう》した展示施設《てんじしせつ》。

一八六三	神戸海軍操練所塾頭《こうべかいぐんそうれんじょじゅくとう》になる。
一八六四	勝海舟《かつかいしゅう》の使者《ししゃ》として、薩摩藩《さつまはん》の西郷隆盛《さいごうたかもり》と会《あ》う。
一八六五	長崎《ながさき》で亀山社中《かめやましゃちゅう》を設立《せつりつ》する。
一八六六	薩長同盟《さっちょうどうめい》を仲介《ちゅうかい》する。寺田屋事件《てらだやじけん》で負傷《ふしょう》する。おりょうと結婚《けっこん》。九州地方《きゅうしゅうちほう》へ新婚旅行《しんこんりょこう》に出《で》かける。第《だい》2次長州征討《じちょうしゅうせいとう》。長州藩側《ちょうしゅうはんがわ》に立《た》って幕府側《ばくふがわ》と戦《たたか》う。
一八六七	亀山社中《かめやましゃちゅう》を改《あらた》めて、海援隊《かいえんたい》を設立《せつりつ》する。いろは丸事件《まるじけん》。「船中八策《せんちゅうはっさく》」をまとめる。大政奉還《たいせいほうかん》 京都《きょうと》の近江屋《おうみや》で暗殺《あんさつ》される（32歳没《さいぼつ》）。

第《だい》3章《しょう》

幕末《ばくまつ》を駆《か》け抜《ぬ》けた剣士《けんし》たち
近藤勇《こんどういさみ》と新選組《しんせんぐみ》

1

ワッセ
ワッセ
沖田《おきた》さんみたいですてき!!
お……沖田《おきた》さん!?
沖田《おきた》さんてだれ?
知《し》らないの?
この人《ひと》よ。
新選組 沖田総司
何《なん》だ、まんがか……。
あら、沖田《おきた》さんは実在《じつざい》の人物《じんぶつ》よ。のび太《た》さん、新選組《しんせんぐみ》も知《し》らないの?
新鮮《しんせん》なグミはおいしいだろうね。
……。

あれじゃあしずかちゃんもあきれるよ。
新鮮《しんせん》なグミって何《なに》!?
新選組《しんせんぐみ》は幕末《ばくまつ》の京都《きょうと》で現在《げんざい》の『警察《けいさつ》』のような仕事《しごと》をしていた人《ひと》たちだよ。
その新選組《しんせんぐみ》で、副長助勤《ふくちょうじょきん》を務《つと》めていたのが沖田総司《おきたそうじ》。
現在《げんざい》のまんがやアニメでは、剣術《けんじゅつ》の達人《たつじん》で、おまけに超美男子《ちょうびだんし》として描《えが》かれることが多《おお》いんだ。
ち……超美男子《ちょうびだんし》!?
ところで『フクチョウジョキン』って何《なに》?
『副長《ふくちょう》の補佐《ほさ》』って意味《いみ》だよ。
新選組《しんせんぐみ》の副長《ふくちょう》は土方歳三《ひじかたとしぞう》、そして一番《いちばん》えらい局長《きょくちょう》は近藤勇《こんどういさみ》という人《ひと》だったよ。
局長《きょくちょう》　近藤勇《こんどういさみ》
副長《ふくちょう》　土方歳三《ひじかたとしぞう》
副長助勤《ふくちょうじょきん》
沖田総司《おきたそうじ》
!!

沖田《おきた》さんよりえらい近藤《こんどう》さんのようになれば、しずかちゃんも見直《みなお》してくれるかも!!
その近藤《こんどう》さんの所《ところ》に連《つ》れてって!!
しようがないなあ。
ガタン
ゴトン
どうして電車《でんしゃ》なの? 幕末《ばくまつ》に行《い》くんじゃないの?
東京都《とうきょうと》
調布市《ちょうふし》
近藤勇《こんどういさみ》が生《う》まれ育《そだ》ったのは武蔵国《むさしのくに》多摩郡《たまぐん》上石原村《かみいしわらむら》、現在《げんざい》の東京都《とうきょうと》調布市《ちょうふし》なんだ。遠《とお》くないから電車《でんしゃ》で行《い》こう。
ガタン
ゴトン
多磨駅
Tama Station

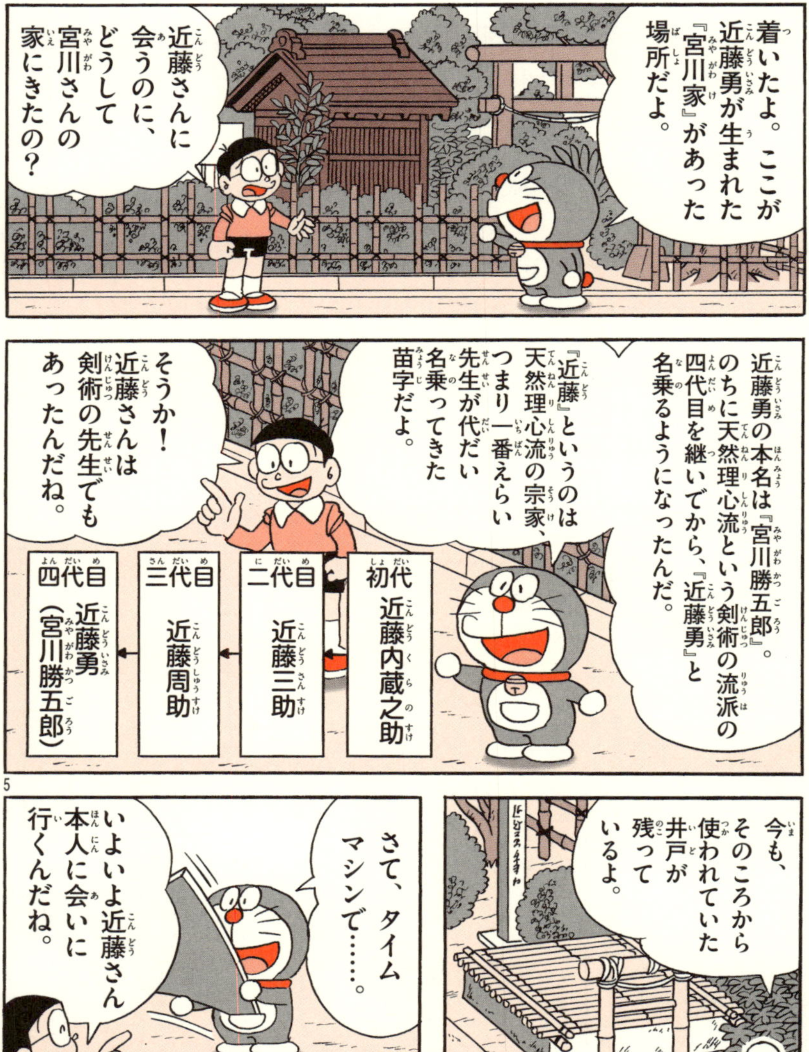
着《つ》いたよ。ここが近藤勇《こんどういさみ》が生《う》まれた『宮川家《みやがわけ》』があった場所《ばしょ》だよ。
近藤《こんどう》さんに会《あ》うのに、どうして宮川《みやがわ》さんの家《いえ》にきたの？
近藤勇《こんどういさみ》の本名《ほんみょう》は『宮川勝五郎《みやがわかつごろう》』。のちに天然理心流《てんねんりしんりゅう》という剣術《けんじゅつ》の流派《りゅうは》の四代目《よんだいめ》を継《つ》いでから、『近藤勇《こんどういさみ》』と名乗《なの》るようになったんだ。
『近藤《こんどう》』というのは天然理心流《てんねんりしんりゅう》の宗家《そうけ》、つまり一番《いちばん》えらい先生《せんせい》が代《だい》だい名乗《なの》ってきた苗字《みょうじ》だよ。
初代《しょだい》 近藤内蔵之助《こんどうくらのすけ》
二代目《にだいめ》 近藤三助《こんどうさんすけ》
三代目《さんだいめ》 近藤周助《こんどうしゅうすけ》
四代目《よんだいめ》 近藤勇《こんどういさみ》（宮川勝五郎《みやがわかつごろう》）
そうか！近藤《こんどう》さんは剣術《けんじゅつ》の先生《せんせい》でもあったんだね。
今《いま》も、そのころから使《つか》われていた井戸《いど》が残《のこ》っているよ。
さて、タイムマシンで……。
いよいよ近藤《こんどう》さん本人《ほんにん》に会《あ》いに行《い》くんだね。

5

1845年《ねん》ごろ。
うわっ。
ドカ
何奴《なにやつ》だ!!
いきなり近藤《こんどう》さんを怒《おこ》らせた!!
何《なん》とかして!!
この輪《わ》に入《はい》ったらともだちになれる『ともだちの輪《わ》』!!
おーっ、わが親友《しんゆう》のび太《た》くんとドラえもんか。
助《たす》かった〜。
親友《しんゆう》よ!同志《どうし》よ!!一緒《いっしょ》に剣術《けんじゅつ》の稽古《けいこ》をやろう!!
え……いや、それは……。
ドドド

6

幕末《ばくまつ》のころは治安《ちあん》が悪化《あっか》していたため、農民《のうみん》のあいだにも自衛意識《じえいいしき》が高《たか》まり、「剣術《けんじゅつ》ブーム」が起《お》こっていた。
あと100回《かい》!!
ヒュン
ヒュン
ドヒャ——!!
裕福《ゆうふく》な農家《のうか》だった勝五郎《かつごろう》の父《ちち》も自宅《じたく》に道場《どうじょう》をつくり、天然理心流《てんねんりしんりゅう》三代目《さんだいめ》・近藤周助《こんどうしゅうすけ》を招《まね》いて、子《こ》どもたちに稽古《けいこ》をさせていた。
楽《たの》しかったなあ。
どこが?
はあ
はあ
二人《ふたり》とも超弱《ちょうよわ》いけど、心配《しんぱい》するな。
おれと一緒《いっしょ》に稽古《けいこ》を積《つ》めば、きっと上達《じょうたつ》するぜ。
おれも今《いま》は農民《のうみん》だけど、いつかは剣術《けんじゅつ》で身《み》を立《た》てて、関羽《かんう》さんみたいな英雄《えいゆう》になるのが夢《ゆめ》なんだ。
すごい向上心《こうじょうしん》!
ところで『カンウ』って何《なに》?
三国志
きみ、『三国志《さんごくし》』読《よ》んだことないの!?

『三国志《さんごくし》』というのは、古代中国《こだいちゅうごく》で魏《ぎ》・呉《ご》・蜀《しょく》という三《みっ》つの国《くに》が争《あらそ》った『三国時代《さんごくじだい》』の歴史書《れきししょ》のことだよ。
それをもとに書《か》かれた『三国志演義《さんごくしえんぎ》』という小説《しょうせつ》は、日本《にっぽん》でもたくさんの人《ひと》に読《よ》まれたんだ。
関羽《かんう》は、それに出《で》てくる英雄《えいゆう》の一人《ひとり》。武勇《ぶゆう》に優《すぐ》れ、義理《ぎり》を重《おも》んじた、すばらしい人物《じんぶつ》だったといわれているよ。
その通《とお》り！よく知《し》っているね!!
これから父上《ちちうえ》に『三国志《さんごくし》』を読《よ》んでもらうから、きみたちも聞《き》いていくといいよ。
さ、父上《ちちうえ》、早《はや》く。
関羽《かんう》さんが活躍《かつやく》するくだりを聞《き》かせてください。
うむ。

麦城《ばくじょう》より脱出《だっしゅつ》を図《はか》った関羽《かんう》は、孫権軍《そんけんぐん》に捕《と》らえられ……。
くくくっ……。
関羽《かんう》さんの最期《さいご》を聞《き》いて、泣《な》いているの？
顔《かお》に似合《にあ》わず、意外《いがい》と涙《なみだ》もろいところがあるんだね。
うるさい！もう帰《かえ》れ!!
子《こ》どものころ、近藤勇《こんどういさみ》は関羽《かんう》が悲劇的《ひげきてき》な最期《さいご》を迎《むか》える場面《ばめん》になると、決《き》まって涙《なみだ》を流《なが》して話《はなし》に聞《き》き入《い》り……
『父上《ちちうえ》、関羽《かんう》さんはまだ生《い》きているの？』と聞《き》いてばかりいたそうだよ。
そんな泣《な》き虫《むし》が、どうやって新選組《しんせんぐみ》の局長《きょくちょう》に？
これから、それを見《み》に行《い》こう。

子《こ》どものころから剣術《けんじゅつ》の稽古《けいこ》に励《はげ》んだ勝五郎《かつごろう》は、15歳《さい》で天然理心流《てんねんりしんりゅう》に正式《せいしき》に入門《にゅうもん》して、めきめきと腕《うで》を上《あ》げていったんだ。
そして、その才能《さいのう》を高《たか》く評価《ひょうか》した天然理心流《てんねんりしんりゅう》三代目《さんだいめ》・近藤周助《こんどうしゅうすけ》の養子《ようし》になったんだ。
すごい!!
10
そのきっかけになったといわれる、こんな話《はなし》があるよ。
1848年《ねん》ごろの宮川家《みやがわけ》、兄弟二人《きょうだいふたり》で留守番《るすばん》の夜《よる》。
どろぼうだ。
コソ
コソ
勝五郎《かつごろう》 15歳《さい》
倒《たお》してやる。
兄上《あにうえ》、待《ま》ってください。
ヒソ
ヒソ
押《お》し入《い》ったばかりのどろぼうは気《き》が立《た》っているから、今出《いまで》ていくと面倒《めんどう》なことになるかもしれません。
立《た》ち去《さ》る時《とき》は、早《はや》く逃《に》げようと気《き》がゆるむはずですから、そこを狙《ねら》いましょう。
なるほど!!

※「弱《よわ》い者《もの》も追《お》い詰《つ》められると、強《つよ》い者《もの》に反撃《はんげき》することがある」という意味《いみ》のことわざ。

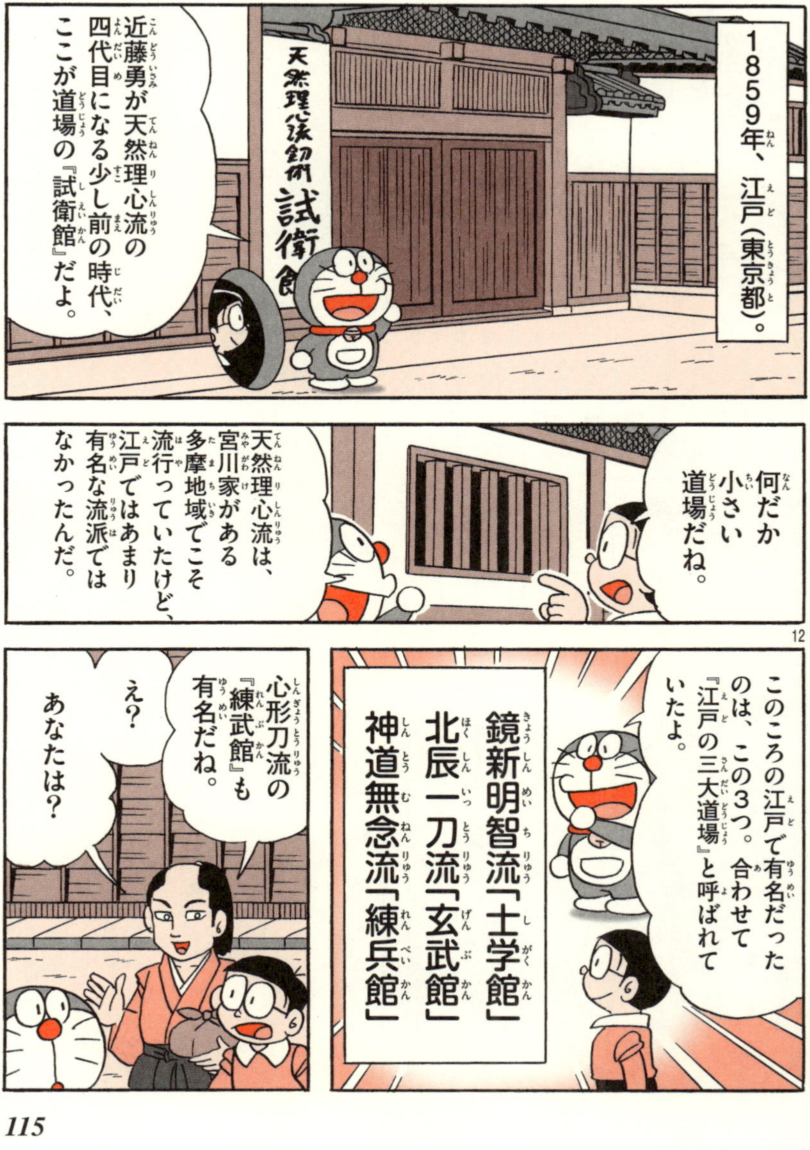
1859年《ねん》、江戸《えど》(東京都《とうきょうと》)。
天然理心流剣術 試衛
近藤勇《こんどういさみ》が天然理心流《てんねんりしんりゅう》の四代目《よんだいめ》になる少《すこ》し前《まえ》の時代《じだい》、ここが道場《どうじょう》の『試衛館《しえいかん》』だよ。
何《なん》だか小《ちい》さい道場《どうじょう》だね。
天然理心流《てんねんりしんりゅう》は、宮川家《みやがわけ》がある多摩地域《たまちいき》でこそ流行《はや》っていたけど、江戸《えど》ではあまり有名《ゆうめい》な流派《りゅうは》ではなかったんだ。
このころの江戸《えど》で有名《ゆうめい》だったのは、この3つ。合《あ》わせて『江戸《えど》の三大道場《さんだいどうじょう》』と呼《よ》ばれていたよ。
鏡新明智流《きょうしんめいちりゅう》「士学館《しがくかん》」
北辰一刀流《ほくしんいっとうりゅう》「玄武館《げんぶかん》」
神道無念流《しんとうむねんりゅう》「練兵館《れんぺいかん》」
心形刀流《しんぎょうとうりゅう》の『練武館《れんぶかん》』も有名《ゆうめい》だね。
え？
あなたは？

ぼくは沖田総司《おきたそうじ》。試衛館《しえいかん》の内弟子《うちでし》だよ。
新選組 沖田総司
えぇーっ!!
あなたが沖田《おきた》さん!?
ひとつどう?
おまんじゅう?
道場《どうじょう》のみんなに買《か》ってきたんだけど、おすそ分《わ》け。
かっこつけた奴《やつ》かと思《おも》っていたけど、沖田《おきた》さんって意外《いがい》といい人《ひと》かも……。
ムシャ
ムシャ
のび太《た》くんとドラえもんじゃないか!!
若先生《わかせんせい》と知《し》り合《あ》いだったのですか!?
古《ふる》くからの仲間《なかま》だよ。
ちょうどいい、今《いま》のおれの仲間《なかま》を紹介《しょうかい》しよう。
これが沖田総司《おきたそうじ》。若《わか》いけれど、剣術《けんじゅつ》の腕《うで》は天才的《てんさいてき》だぞ。

※六所宮《ろくしょぐう》……東京都府中市《とうきょうとふちゅうし》にある大國魂神社《おおくにたまじんじゃ》の別称《べっしょう》。

どうしてそんなことをするの？
剣術《けんじゅつ》の上達《じょうたつ》と、天然理心流《てんねんりしんりゅう》の発展《はってん》をお祈《いの》りするのさ。それに、寺社《じしゃ》に献額《けんがく》すれば、有名《ゆうめい》な天然理心流《てんねんりしんりゅう》の名前《なまえ》も高《たか》まるってものさ。
さて、腹《はら》ごしらえもできたし、稽古《けいこ》をやるか。
一緒《いっしょ》にどう？
ドドド
用《よう》があるので、もう行《い》きます。
次《つぎ》はどこに？
献額《けんがく》の様子《ようす》を見《み》に行《い》こう。
1860年《ねん》、六所宮《ろくしょぐう》。
献額前《けんがくまえ》に剣術《けんじゅつ》の型《かた》を見《み》せたよ。

15

そして献額《けんがく》。
祈《いの》りが通《つう》じるといいね。
この翌年《よくとし》、同《おな》じ場所《ばしょ》で近藤《こんどう》の襲名披露《しゅうめいひろう》が行《おこな》われたよ。
流派《りゅうは》を継《つ》いだことをたくさんの人《ひと》に披露《ひろう》する催《もよお》しだね。
見《み》に行《い》こう。
1861年《ねん》、六所宮《ろくしょぐう》。
今度《こんど》は、この先《さき》の広場《ひろば》で襲名披露《しゅうめいひろう》の『野試合《のじあい》』が行《おこな》われるんだ。
野試合《のじあい》?
屋外《おくがい》で行《おこな》う試合《しあい》のことだよ。

16

門下生《もんかせい》が紅組《あかぐみ》と白組《しろぐみ》に分《わ》かれて戦《たたか》ったあと、襲名《しゅうめい》が発表《はっぴょう》されるんだ。
とっても派手《はで》な催《もよお》しだね。
おう、きみたちもきてくれたのか。
近藤《こんどう》さん!!
17
どうだい、立派《りっぱ》なもんだろう。
おめでとうございます。
きみたちもそこに座《すわ》って観戦《かんせん》するといいよ。ね、先生《せんせい》。
先生《せんせい》か、ワハハハ。
では、そろそろはじめましょう。

18

見事《みごと》な試合《しあい》だったぞ。本日《ほんじつ》正式《せいしき》に、そなたに天然理心流《てんねんりしんりゅう》四代目《よんだいめ》をゆずろう。これからは『近藤勇《こんどういさみ》』と名乗《なの》るがよい。
ありがとうございます。
近藤周助《こんどうしゅうすけ》
英雄《えいゆう》になる夢《ゆめ》に一歩《いっぽ》近《ちか》づいたね。
ところが……

近藤勇《こんどういさみ》が四代目《よんだいめ》を継《つ》いだころ、日本《にっぽん》の歴史《れきし》は大《おお》きく動《うご》きはじめていたんだ。

1853年《ねん》　ペリー来航《らいこう》。

1854年《ねん》　幕府《ばくふ》がアメリカと「日米和親条約《にちべいわしんじょうやく》」を結《むす》ぶ。

1858年《ねん》　幕府《ばくふ》がアメリカと「日米修好通商条約《にちべいしゅうこうつうしょうじょうやく》」を結《むす》ぶ。

幕府《ばくふ》が朝廷《ちょうてい》の許《ゆる》しを得《え》ずにアメリカと条約《じょうやく》を結《むす》び、「開国《かいこく》」したことに対《たい》し、尊皇攘夷派《そんのうじょういは》の人《ひと》たちが激《はげ》しく反発《はんぱつ》。幕府《ばくふ》の大老《たいろう》・井伊直弼《いいなおすけ》は反対派《はんたいは》を厳《きび》しくとり締《し》まる「安政《あんせい》の大獄《たいごく》」をはじめたが、1860年《ねん》の「桜田門外《さくらだもんがい》の変《へん》」で、尊皇攘夷派《そんのうじょういは》の志士《しし》に暗殺《あんさつ》された。

19

当時《とうじ》の日本《にっぽん》は、幕府《ばくふ》と尊皇攘夷派《そんのうじょういは》が激《はげ》しく対立《たいりつ》する激動《げきどう》の時代《じだい》に入《はい》っていたよ。
近藤勇《こんどういさみ》も、その時代《じだい》の流《なが》れに巻《ま》き込《こ》まれていくことになるんだ。

1862年《ねん》、試衛館《しえいかん》。
近藤《こんどう》が襲名披露《しゅうめいひろう》した翌年《よくとし》にきたよ。
近藤《こんどう》さんたち、いるかなあ。
試衛館
………見《み》たことのない人《ひと》たちがいっぱい。何《なん》だか怖《こわ》そう……。
神道無念流《しんとうむねんりゅう》 永倉新八《ながくらしんぱち》
北辰一刀流《ほくしんいっとうりゅう》 藤堂平助《とうどうへいすけ》
種田宝蔵院流《たねだほうぞういんりゅう》（槍術《そうじゅつ》） 原田左之助《はらださのすけ》
20
ちょっと待《ま》って!!
どうして別《べつ》の流派《りゅうは》の人《ひと》がいるの？
近藤《こんどう》は面倒見《めんどうみ》が良《よ》かったので、試衛館《しえいかん》には腕《うで》に覚《おぼ》えのある若者《わかもの》が流派《りゅうは》を問《と》わず集《あつ》まりはじめていたんだ。

21

※講武所《こうぶしょ》……幕府《ばくふ》が開《ひら》いた武術学校《ぶじゅつがっこう》。

このころ、朝廷《ちょうてい》がある京都《きょうと》では「開国《かいこく》」に反対《はんたい》する尊皇攘夷派《そんのうじょういは》の力《ちから》が強《つよ》まっていた。その力《ちから》を背景《はいけい》に、朝廷《ちょうてい》は幕府《ばくふ》に「攘夷実行《じょういじっこう》」の約束《やくそく》をすることを強《つよ》く求《もと》めた。
将軍《しょうぐん》
江戸《えど》
朝廷《ちょうてい》
京都《きょうと》
朝廷《ちょうてい》から呼《よ》び出《だ》された14代将軍《だいしょうぐん》・徳川家茂《とくがわいえもち》は、将軍《しょうぐん》としては236年《ねん》ぶりに江戸《えど》から京都《きょうと》へ上《のぼ》ることになった。
京都《きょうと》では、尊皇攘夷派《そんのうじょういは》の志士《しし》たちが幕府側《ばくふがわ》の役人《やくにん》を暗殺《あんさつ》するなどして、治安《ちあん》が悪化《あっか》していたよ。
だから、将軍《しょうぐん》を護衛《ごえい》するために『浪士組《ろうしぐみ》』が結成《けっせい》されたんだよ。
浪士組《ろうしぐみ》
そんな危険《きけん》な所《ところ》にわざわざ行《い》かなくても……。
22
近藤《こんどう》たちにとっては、剣術《けんじゅつ》の腕《うで》を発揮《はっき》して立身出世《りっしんしゅっせ》するチャンスだったんだよ。
だからみんな興奮《こうふん》していたんだね。
次《つぎ》は、浪士組《ろうしぐみ》結成《けっせい》の様子《ようす》を見《み》に行《い》こう。

1863年《ねん》、伝通院《でんづういん》（東京都《とうきょうと》）。
ここが『浪士組《ろうしぐみ》』の集合場所《しゅうごうばしょ》だよ。
強《つよ》そうな人《ひと》ばかりだね。
とくにあの人《ひと》とか……。
あの人《ひと》は浪士組《ろうしぐみ》の発案者《はつあんしゃ》で、庄内藩《しょうないはん》（山形県《やまがたけん》）出身《しゅっしん》の清河八郎《きよかわはちろう》。
あ、沖田《おきた》さん。
清河《きよかわ》さんが、攘夷実行《じょういじっこう》のために前歴《ぜんれき》や身分《みぶん》に関係《かんけい》なく腕《うで》の立《た》つ人材《じんざい》を集《あつ》めるよう幕府《ばくふ》に提案《ていあん》したので、浪士組《ろうしぐみ》をつくることになったんだ。
浪士組《ろうしぐみ》
あっちにいるのが芹沢鴨《せりざわかも》。
カモ？変《へん》な名前《なまえ》だね。

23

しーっ!!
そんなこと聞《き》かれたら大変《たいへん》だよ。
芹沢《せりざわ》さんは怒《おこ》りっぽくて、気《き》が荒《あら》いんだ。
水戸藩《みとはん》(茨城県《いばらきけん》)の藩士《はんし》だったころも、殺人犯《さつじんはん》として牢屋《ろうや》に入《い》れられていたくらいだからね。
みんな、集《あつ》まってくれ。
集合《しゅうごう》だ、じゃあまたね。
浪士組《ろうしぐみ》は一番《いちばん》から七番《ななばん》までの七組《ななくみ》に分《わ》けられ、試衛館《しえいかん》のメンバーは近藤勇《こんどういさみ》を『小頭《こがしら》』とする六番組《ろくばんぐみ》に所属《しょぞく》したよ。
え?近藤《こんどう》さんは局長《きょくちょう》じゃないの?
24
それは先《さき》の話《はなし》。このころは目立《めだ》った存在《そんざい》じゃなかったんだ。

江戸《えど》を出発《しゅっぱつ》した234名《めい》の浪士組《ろうしぐみ》は中山道《なかせんどう》を西《にし》へ進《すす》み、約半月後《やくはんつきご》に京都《きょうと》に着《つ》いた。
1863年《ねん》、壬生村《みぶむら》（京都府《きょうとふ》）。
ここが浪士組《ろうしぐみ》の屯所《とんしょ》（宿舎《しゅくしゃ》）。
浪士組屯所
ギロリ
攘夷実行《じょういじっこう》のため、速《すみ》やかに江戸《えど》に帰《かえ》るぞ!!
よいな!!
清河《きよかわ》さん！ それでは話《はなし》がちがいます!!

25

われわれは公方様《くぼうさま》の護衛《ごえい》のためにやってきたはずだ!!
公方様《くぼうさま》の命令《めいれい》もないのに、勝手《かって》に帰《かえ》るわけにはいきません!
そうだそうだ!
勝手《かって》にしろ!
わしと一緒《いっしょ》に帰《かえ》る者《もの》はついてこい!!
残《のこ》ったのは芹沢鴨《せりざわかも》の一派《いっぱ》と、近藤《こんどう》たち六番組《ろくばんぐみ》を合《あ》わせた20人《にん》あまりだった。
………。
ま、わしらで楽《たの》しくやろうじゃないか。
ガハハ
………
どうなっちゃうの?
26
京都《きょうと》に残《のこ》った芹沢《せりざわ》、近藤《こんどう》らは『会津藩御預《あいづはんおあずかり》』として京都《きょうと》に滞在《たいざい》し続《つづ》けることになったんだ。
会津藩御預《あいづはんおあずかり》
壬生浪士屯所《みぶろうしとんしょ》
宿舎《しゅくしゃ》が壬生村《みぶむら》にあったから、『壬生浪士組《みぶろうしぐみ》』と呼《よ》ばれたのか。

会津藩《あいづはん》御預《おあずかり》って？
会津藩主《あいづはんしゅ》・松平容保《まつだいらかたもり》の指揮下《しきか》に置《お》かれた、ということだよ。
幕府《ばくふ》から京都守護職《きょうとしゅごしょく》に任命《にんめい》された松平容保《まつだいらかたもり》は京都《きょうと》の治安《ちあん》を維持《いじ》するため、約《やく》1000人《にん》の藩兵《はんぺい》を率《ひき》いて会津《あいづ》（福島県《ふくしまけん》）から京都《きょうと》にきていたんだ。
浪士組《ろうしぐみ》が京都《きょうと》に着《つ》いた1863年《ねん》の夏《なつ》、尊皇攘夷派《そんのうじょういは》はますます過激《かげき》になっていった。その状況《じょうきょう》に危機感《ききかん》を抱《いだ》いた朝廷内《ちょうていない》の穏健派《おんけんは》と会津藩《あいづはん》、薩摩藩《さつまはん》（鹿児島県《かごしまけん》）が協力《きょうりょく》し、長州藩《ちょうしゅうはん》（山口県《やまぐちけん》）を中心《ちゅうしん》とする尊皇攘夷派《そんのうじょういは》を京都《きょうと》から追放《ついほう》した。
この時《とき》、朝廷《ちょうてい》の警備《けいび》に出動《しゅつどう》した壬生浪士組《みぶろうしぐみ》はその働《はたら》きが認《みと》められて、『新選組《しんせんぐみ》』という名前《なまえ》を松平容保《まつだいらかたもり》からもらったんだ。
そして正式《せいしき》に市中見回《しちゅうみまわ》りの任務《にんむ》を任《まか》されることになったよ。

27

しばらくのちの京都《きょうと》市中《しちゅう》。
ザッ
ザッ
誠
あっ。
近藤《こんどう》さんが先頭《せんとう》を歩《ある》いているよ。かっこいいな。
近藤《こんどう》は、芹沢《せりざわ》とともに局長《きょくちょう》に就任《しゅうにん》したんだ。
新選組《しんせんぐみ》だ!!
壬生浪《みぶろう》だ!!
……何《なん》だかみんな、近藤《こんどう》さんたちのことを怖《こわ》がっているように見《み》えるけど……?
それは…。

武装集団《ぶそうしゅうだん》の「新選組《しんせんぐみ》」は、京都《きょうと》の人《ひと》びとから恐《おそ》れられていた。とくに芹沢《せりざわ》は、酒《さけ》に酔《よ》ってけんかをしたり、商家《しょうか》を打《う》ち壊《こわ》したりするなど問題行動《もんだいこうどう》が多《おお》かった。
酒
1863年《ねん》9月《がつ》、会津藩《あいづはん》から命《めい》じられた近藤《こんどう》らは芹沢《せりざわ》を暗殺《あんさつ》。その結果《けっか》、新選組《しんせんぐみ》の実権《じっけん》は試衛館《しえいかん》グループが握《にぎ》ることになった。
その翌年《よくとし》、1864年《ねん》6月《がつ》に京都《きょうと》では大事件《だいじけん》が起《お》こったんだ。
それが『池田屋事件《いけだやじけん》』だよ。
どんな事件《じけん》だったの？

29

前年《ぜんねん》の夏《なつ》に京都《きょうと》を追放《ついほう》された尊皇攘夷派《そんのうじょういは》は、反撃《はんげき》の機会《きかい》を狙《ねら》っていた。新選組《しんせんぐみ》が京都市中《きょうとしちゅう》の尊皇攘夷派志士《そんのうじょういはしし》の隠《かく》れ家《が》を捜索《そうさく》すると多数《たすう》の武器《ぶき》が見《み》つかり、「強風《きょうふう》の日《ひ》、御所《ごしょ》に火《ひ》を放《はな》ち、混乱《こんらん》に乗《じょう》じて幕府派《ばくふは》の公家《くげ》や松平容保《まつだいらかたもり》を襲撃《しゅうげき》する計画《けいかく》」を立《た》てている疑《うたが》いが生《しょう》じた。
池田屋
そこで、改《あらた》めて捜索《そうさく》したところ、池田屋《いけだや》という旅館《りょかん》で尊皇攘夷派志士《そんのうじょういはしし》たちの会合《かいごう》が開《ひら》かれることを突《つ》き止《と》めたんだ。
みなの者《もの》、油断《ゆだん》するな。
ドカッ
御用《ごよう》だ!!
30
ワー
ドカ
ドカ
ワー
ど……どうなっちゃうの?

約《やく》2時間《じかん》の激《はげ》しい戦《たたか》いの結果《けっか》、勝《か》ったのは新選組《しんせんぐみ》だったよ。
尊皇攘夷派《そんのうじょういは》 死傷者多数《ししょうしゃたすう》
新選組《しんせんぐみ》 死傷者数名《ししょうしゃすうめい》
えい えい おう
この池田屋事件《いけだやじけん》で多《おお》くの尊皇攘夷派《そんのうじょういは》志士《しし》が殺《ころ》されたことで、明治維新《めいじいしん》が1年《ねん》遅《おく》れたともいわれている。一方《いっぽう》、新選組《しんせんぐみ》はその後《ご》も「禁門《きんもん》の変《へん》」などで活躍《かつやく》し、1867年《ねん》6月《がつ》、全員《ぜんいん》が将軍直属《しょうぐんちょくぞく》の家来《けらい》にとり立《た》てられた。
その後《ご》の様子《ようす》を見《み》に行《い》こう。
1867年《ねん》、壬生村《みぶむら》の新選組屯所《しんせんぐみとんしょ》。

農家《のうか》の倅《せがれ》が公方様《くぼうさま》直《じき》じきの家来《けらい》になったか。
子《こ》どものころの夢《ゆめ》が叶《かな》いましたね。
まだまだこれからさ。
二人《ふたり》で力《ちから》を合《あ》わせて、新選組《しんせんぐみ》の名《な》をもっと高《たか》めようじゃないか。
近藤《こんどう》さんたち、うれしそうだね。
ところで、沖田《おきた》さんの姿《すがた》が見《み》えないけど？
沖田《おきた》は奥《おく》の部屋《へや》で寝《ね》ているよ。
風邪《かぜ》でもひいたの？
そうじゃないんだ。
32
沖田《おきた》は以前《いぜん》から『肺結核《はいけっかく》』という重《おも》い病気《びょうき》にかかっていた。『池田屋事件《いけだやじけん》』の戦闘中《せんとうちゅう》に倒《たお》れて、それ以来《いらい》、寝込《ねこ》みがちになっていたんだよ。
そうなんだ……。
早《はや》く良《よ》くなるといいね。
………。

沖田《おきた》さんは病気《びょうき》で大変《たいへん》だけど、近藤《こんどう》さんたちの夢《ゆめ》が叶《かな》ってよかったね。
大変《たいへん》なのは沖田《おきた》だけじゃなかったよ。
このあと、本当《ほんとう》に大変《たいへん》な未来《みらい》が新選組《しんせんぐみ》を待《ま》っていたんだ。
その様子《ようす》をタイムテレビで見《み》てみよう。
時代《じだい》は激《はげ》しく動《うご》きはじめ、新選組《しんせんぐみ》もその激流《げきりゅう》に飲《の》み込《こ》まれていった。
33
【大政奉還《たいせいほうかん》（1867年《ねん》10月《がつ》）】15代将軍《だいしょうぐん》・徳川慶喜《とくがわよしのぶ》が政権《せいけん》を朝廷《ちょうてい》に還《かえ》し、江戸幕府《えどばくふ》265年《ねん》の歴史《れきし》は幕《まく》を閉《と》じた。

【王政復古《おうせいふっこ》の大号令《だいごうれい》（同年《どうねん》12月《がつ》）】
薩摩藩《さつまはん》、長州藩《ちょうしゅうはん》が倒幕派《とうばくは》の公家《くげ》を動《うご》かし、天皇《てんのう》を中心《ちゅうしん》とする国《くに》づくりを目指《めざ》して「王政復古《おうせいふっこ》」を宣言《せんげん》した。
【鳥羽《とば》・伏見《ふしみ》の戦《たたか》い（1868年《ねん》1月《がつ》）】
王政復古《おうせいふっこ》に反発《はんぱつ》した旧幕府側《きゅうばくふがわ》と新政府軍《しんせいふぐん》が京都南部《きょうとなんぶ》で戦《たたか》った。
誠
誠
この直前《ちょくぜん》、近藤《こんどう》は敵対者《てきたいしゃ》に襲撃《しゅうげき》されてケガを負《お》っていたため、新選組《しんせんぐみ》は土方《ひじかた》の指揮《しき》のもと戦《たたか》ったよ。だけど、旧幕府軍《きゅうばくふぐん》が敗北《はいぼく》したため、江戸《えど》に引《ひ》き揚《あ》げたんだ。
沖田《おきた》さんはどうなったの？
病気《びょうき》が重《おも》くなって療養《りょうよう》していたので、鳥羽《とば》・伏見《ふしみ》の戦《たたか》いには参加《さんか》しなかったよ。
……………
剣術《けんじゅつ》が強《つよ》くても、病気《びょうき》には敵《かな》わなかったんだね。

34

【勝沼戦争《かつぬませんそう》（1868年《ねん》3月《がつ》）】
江戸《えど》に攻《せ》めてくる新政府軍《しんせいふぐん》を迎《むか》え撃《う》つため、新選組《しんせんぐみ》は「甲陽鎮撫隊《こうようちんぶたい》」として甲府城《こうふじょう》（山梨県《やまなしけん》）へ進軍《しんぐん》した。しかし、手前《てまえ》の勝沼《かつぬま》で新政府軍《しんせいふぐん》との戦《たたか》いに敗《やぶ》れ、江戸《えど》に退却《たいきゃく》した。

その後《ご》、近藤《こんどう》と意見《いけん》が対立《たいりつ》した原田《はらだ》や永倉《ながくら》たちが離脱《りだつ》し、新選組《しんせんぐみ》は事実上《じじつじょう》解体《かいたい》した。

35

【江戸城開城《えどじょうかいじょう》（同年《どうねん》4月《がつ》）】
勝海舟《かつかいしゅう》と西郷隆盛《さいごうたかもり》の会談《かいだん》により、江戸城《えどじょう》は戦《たたか》わずして新政府軍《しんせいふぐん》に明《あ》け渡《わた》された。

しかし、開城《かいじょう》に不満《ふまん》を抱《いだ》く旧幕府軍《きゅうばくふぐん》の一部《いちぶ》は江戸《えど》を脱出《だっしゅつ》し、関東地方《かんとうちほう》の各地《かくち》で新政府軍《しんせいふぐん》に抵抗《ていこう》を続《つづ》けた。

近藤《こんどう》、土方《ひじかた》は下総《しもうさ》流山《ながれやま》（千葉県《ちばけん》）で新政府軍《しんせいふぐん》に包囲《ほうい》され、降伏《こうふく》。
おれはまだ戦《たたか》うぞ！
もう……新選組《しんせんぐみ》は歳《とし》さんに任《まか》せる。
近藤《こんどう》は新政府軍《しんせいふぐん》に出頭後《しゅっとうご》、処刑《しょけい》された（35歳没《さいぼつ》）。
【上野戦争《うえのせんそう》（同年《どうねん》5月《がつ》）】旧幕府側《きゅうばくふがわ》に立《た》って上野戦争《うえのせんそう》（※）に参加《さんか》した原田左之助《はらださのすけ》は、負傷《ふしょう》して亡《な》くなった（29歳没《さいぼつ》）。
その数日後《すうじつご》、江戸《えど》で療養中《りょうようちゅう》だった沖田《おきた》も病状《びょうじょう》が悪化《あっか》して、この世《よ》を去《さ》った（25歳没《さいぼつ》）。
36
【会津戦争《あいづせんそう》（同年《どうねん》8月《がつ》）】京都守護職《きょうとしゅごしょく》として尊皇攘夷派《そんのうじょういは》をとり締《し》まっていた会津藩《あいづはん》に対《たい》し、新政府軍《しんせいふぐん》は激《はげ》しい攻撃《こうげき》を加《くわ》えた。

※上野戦争《うえのせんそう》……上野山《うえのやま》（東京都《とうきょうと》）に立《た》てこもった旧幕府軍《きゅうばくふぐん》と、新政府軍《しんせいふぐん》とのあいだに起《お》こった戦《たたか》い。

土方《ひじかた》は会津側《あいづがわ》に立《た》って戦《たたか》ったが、会津城《あいづじょう》が落城《らくじょう》したため脱出《だっしゅつ》した。
【箱館戦争《はこだてせんそう》（1869年《ねん》5月《がつ》）】旧幕府軍《きゅうばくふぐん》の一部《いちぶ》は本州《ほんしゅう》から北海道《ほっかいどう》の箱館《はこだて》に渡《わた》り、再起《さいき》を図《はか》った。土方《ひじかた》は旧幕府軍《きゅうばくふぐん》を率《ひき》いて、新政府軍《しんせいふぐん》と戦《たたか》ったものの敗北《はいぼく》、戦死《せんし》した（35歳没《さいぼつ》）。
鳥羽《とば》・伏見《ふしみ》の戦《たたか》いのあと、江戸《えど》に帰《かえ》った土方《ひじかた》は『刀《かたな》や槍《やり》は少《すこ》しも役《やく》に立《た》たなかった。これからの武器《ぶき》は鉄砲《てっぽう》じゃなければならない』と語《かた》っていたそうだよ。
剣術《けんじゅつ》で身《み》を立《た》てるという夢《ゆめ》が、もう叶《かな》えられない時代《じだい》になっていたんだね。
でも悲《かな》しいな……
みんな死《し》んじゃったんだね……。
37
ぼくたちが会《あ》った新選組隊士《しんせんぐみたいし》の中《なか》で生《い》き残《のこ》ったのは、永倉新八《ながくらしんぱち》だけだね。
永倉《ながくら》は、新選組《しんせんぐみ》の歴史《れきし》を語《かた》った『新選組顛末記《しんせんぐみてんまつき》』という本《ほん》を残《のこ》して、1915年《ねん》に76歳《さい》で亡《な》くなったよ。
新選組顛末記《しんせんぐみてんまつき》!?

英雄《えいゆう》になることを夢見《ゆめみ》た近藤勇《こんどういさみ》の生涯《しょうがい》は、激《はげ》しく短《みじか》かったんだね。

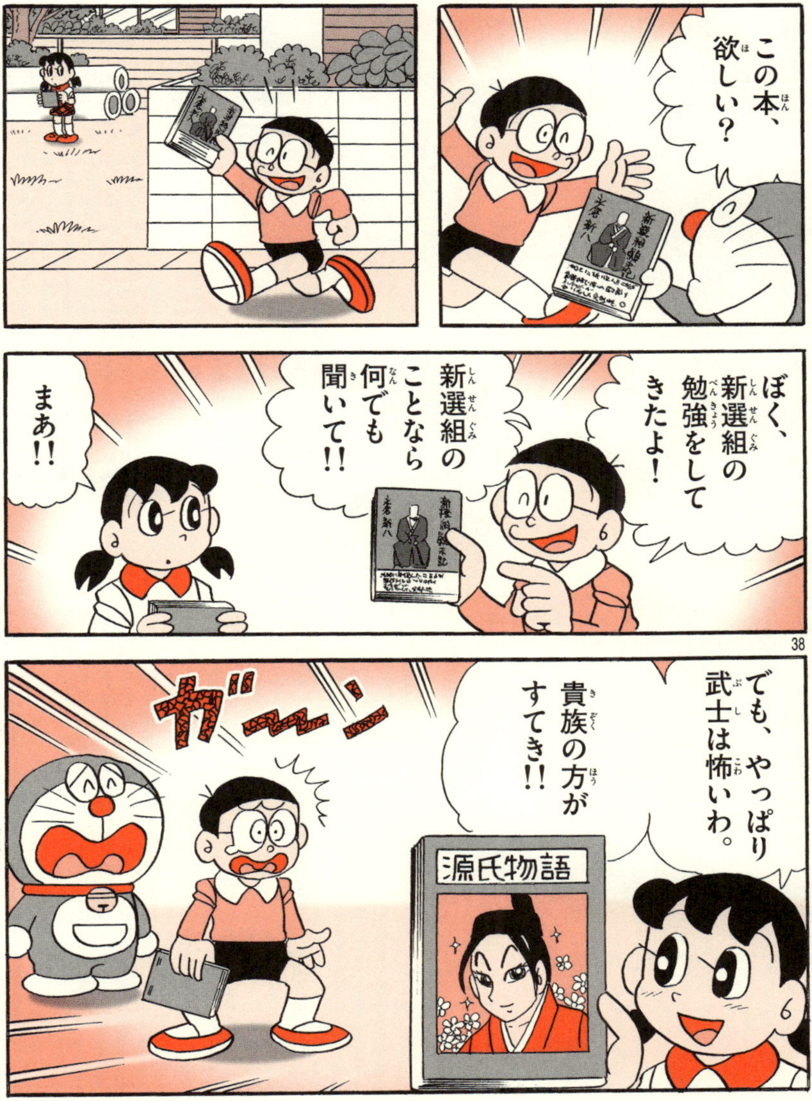

近藤勇《こんどういさみ》と新選組《しんせんぐみ》のふるさとを訪《たず》ねて

近藤勇生家跡《こんどういさみせいかあと》（東京都《とうきょうと》）ほか

新選組《しんせんぐみ》の宿所《しゅくしょ》だった建物《たてもの》。当時《とうじ》の刀傷《かたなきず》が残《のこ》っている。

【八木家《やぎけ》 新選組発祥《しんせんぐみはっしょう》の地《ち》　壬生屯所旧跡《みぶとんしょきゅうせき》】

住所《じゅうしょ》／京都《きょうと》府《ふ》京都《きょうと》市《し》中京区《なかぎょうく》壬生《みぶ》梛ノ宮町《なぎのみやちょう》 24

www.mibu-yagike.jp/

近藤勇《こんどういさみ》の生涯《しょうがい》

一八三四　武蔵国《むさしのくに》（東京都《とうきょうと》）の農家《のうか》・宮川家《みやがわけ》の三男《さんなん》として生《う》まれる。

一八四八　天然理心流《てんねんりしんりゅう》に入門《にゅうもん》する。

一八四九　天然理心流三代目宗家《てんねんりしんりゅうさんだいめそうけ》・近藤周助《こんどうしゅうすけ》の養子《ようし》になる。

一八五三　ペリー来航《らいこう》

一八五四　ペリー再来航《さいらいこう》
日米和親条約《にちべいわしんじょうやく》

一八五八　日米修好通商条約《にちべいしゅうこうつうしょうじょうやく》
安政《あんせい》の大獄《たいごく》

一八六一　天然理心流四代目《てんねんりしんりゅうよんだいめ》を継《つ》ぐ。

近藤勇《こんどういさみ》をしのんで、昭和時代《しょうわじだい》に近藤《こんどう》神社《じんじゃ》が建《た》てられた。

【近藤勇生家跡《こんどういさみせいかあと》】

住所《じゅうしょ》／東京都調布市野水《とうきょうとちょうふしのみず》 1-6-8
www.csa.gr.jp/kondouisami/classicground-1.html

土方歳三《ひじかたとしぞう》のふるさと、日野市《ひのし》にある歴史資料館《れきししりょうかん》。日野市《ひのし》には新選組《しんせんぐみ》ゆかりの地《ち》がたくさん残《のこ》っている。

【日野市立《ひのしりつ》新選組《しんせんぐみ》のふるさと歴史館《れきしかん》】

住所《じゅうしょ》／東京都《とうきょうと》日野市《ひのし》神明《しんめい》 4-16-1
www.shinsenr.jp/

一八六三	浪士組《ろうしぐみ》に加《くわ》わり、京都《きょうと》へ上《のぼ》る。浪士組《ろうしぐみ》が分裂《ぶんれつ》。京都《きょうと》に残《のこ》り、壬生浪士組《みぶろうしぐみ》の局長《きょくちょう》になる。会津藩主《あいづはんしゅ》から新選組《しんせんぐみ》の名前《なまえ》をもらい、局長《きょくちょう》になる。
一八六四	池田屋事件《いけだやじけん》。新選組《しんせんぐみ》が多《おお》くの尊皇攘夷派志士《そんのうじょういはしし》を討《う》つ。蛤御門《はまぐりごもん》の変《へん》。
一八六七	新選組隊士《しんせんぐみたいし》が幕府《ばくふ》の家来《けらい》に採用《さいよう》される。 大政奉還《たいせいほうかん》 王政復古《おうせいふっこ》
一八六八	新選組《しんせんぐみ》、鳥羽《とば》・伏見《ふしみ》の戦《たたか》いに参加《さんか》し、新政府軍《しんせいふぐん》に敗《やぶ》れる。勝沼戦争《かつぬませんそう》。甲陽鎮撫隊《こうようちんぶたい》を率《ひき》いて新政府軍《しんせいふぐん》と戦《たたか》い、敗《やぶ》れる。新政府軍《しんせいふぐん》に捕《と》らえられて処刑《しょけい》される（35歳没《さいぼつ》）。

第《だい》4章《しょう》

明治《めいじ》維新《いしん》のリーダー 西郷《さいごう》隆盛《たかもり》と大久保《おおくぼ》利通《としみち》

晩《ばん》ご飯《はん》のおかずの買《か》い物《もの》、頼《たの》んだわよ。
任《まか》せといて!!
新発売《しんはつばい》のモンスターゲーム。
のび太《た》もこい!!
ええーっ!?
行《い》きたいけど……。
おれたちと遊《あそ》ぶのがいやなのか!!
もう二度《にど》と誘《さそ》ってやらん!!
行《い》くよ!
行《い》けばいいんでしょ!!
ガガガ
ガガガ
……。

夕《ゆう》方《がた》。
お買《か》い物《もの》を忘《わす》れて、こんな時間《じかん》まで遊《あそ》んでくるなんて!! おかげで今晩《こんばん》はおかずなしよ!!
ショボン
見《み》てたよ。
何《なん》で『用事《ようじ》がある』って断《ことわ》らなかったの？
だって、もし仲間外《なかまはず》れにされたらイヤだもの。
でも、自分《じぶん》にやるべきことがあるなら、しっかりやらないと。
そのために、友《とも》だちとケンカすることになってもね。
それに本当《ほんとう》の友《とも》だちなら、きみの事情《じじょう》をちゃんと理解《りかい》してくれるはずだよ。
そうかなあ。
これからそんな友《とも》だち関係《かんけい》だった歴史上《れきしじょう》の二人《ふたり》を見《み》に行《い》こう。

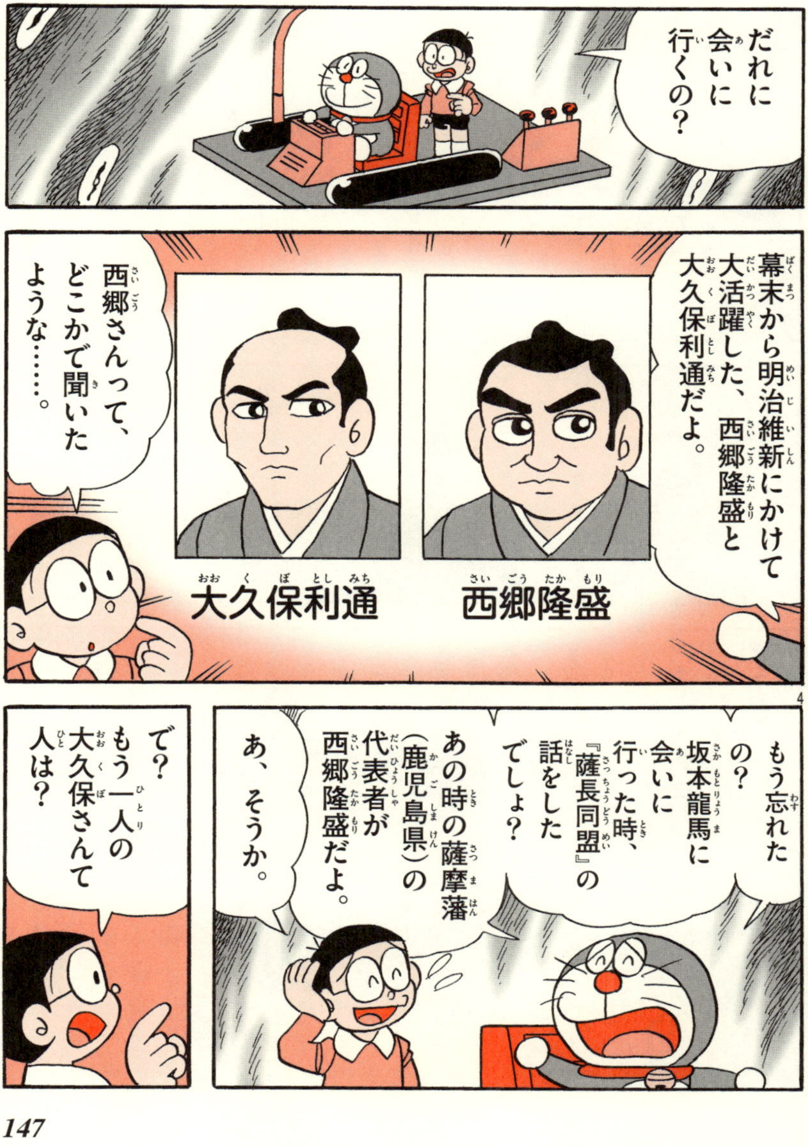
だれに会《あ》いに行《い》くの？
幕末《ばくまつ》から明治維新《めいじいしん》にかけて大活躍《だいかつやく》した、西郷隆盛《さいごうたかもり》と大久保利通《おおくぼとしみち》だよ。
西郷隆盛《さいごうたかもり》
大久保利通《おおくぼとしみち》
西郷《さいごう》さんって、どこかで聞《き》いたような……。
もう忘《わす》れたの？坂本龍馬《さかもとりょうま》に会《あ》いに行《い》った時《とき》、『薩長同盟《さっちょうどうめい》』の話《はなし》をしたでしょ？あの時《とき》の薩摩藩《さつまはん》（鹿児島県《かごしまけん》）の代表者《だいひょうしゃ》が西郷隆盛《さいごうたかもり》だよ。
あ、そうか。
で？もう一人《ひとり》の大久保《おおくぼ》さんて人《ひと》は？

大久保利通《おおくぼとしみち》も薩摩藩《さつまはん》の出身《しゅっしん》で、西郷《さいごう》とともに明治維新《めいじいしん》の中心《ちゅうしん》となって活躍《かつやく》した人物《じんぶつ》だよ。
この二人《ふたり》は同《おな》じ町内《ちょうない》で育《そだ》ち、ともに勉強《べんきょう》した仲間《なかま》なんだ。
ぼくたちと同《おな》じだね。
まあ、同《おな》じ町内《ちょうない》で育《そだ》ったという意味《いみ》ではね。
ちなみに西郷《さいごう》と大久保《おおくぼ》は先輩《せんぱい》・後輩《こうはい》の間柄《あいだがら》だよ。
3つ年下《としした》。
1854年《ねん》、下加治屋町《したかじやまち》(現在《げんざい》の鹿児島県鹿児島市加治屋町《かごしまけんかごしましかじやちょう》)。
ここは？
シュパ
西郷《さいごう》と大久保《おおくぼ》が育《そだ》った鹿児島《かごしま》城下《じょうか》だよ。

西郷《さいごう》さんと大久保《おおくぼ》さんは、どこにいるのかな?
あの人《ひと》に聞《き》いてみよう。
すみません、西郷《さいごう》さんと大久保《おおくぼ》さんの家《いえ》はどこですか?
大久保《おおくぼ》はぼくだけど、
きみたちは?
あなたが大久保《おおくぼ》さん!?
ぼく、のび太《た》。こっちはドラえもんです。ぼくたち、あなたたち二人《ふたり》に会《あ》いにきたんです。
わざわざぼくらに?
まあいいや。西郷《さいごう》さんは今《いま》いないから、ぼくの家《いえ》においでよ。

西郷《さいごう》さんはどこに行《い》っているんですか？
島津斉彬《しまづなりあきら》さまのお供《とも》で江戸《えど》（東京都《とうきょうと》）にね。
島津斉彬《しまづなりあきら》さま!?
……ってだれ？
薩摩藩《さつまはん》の藩主《はんしゅ》だよ。

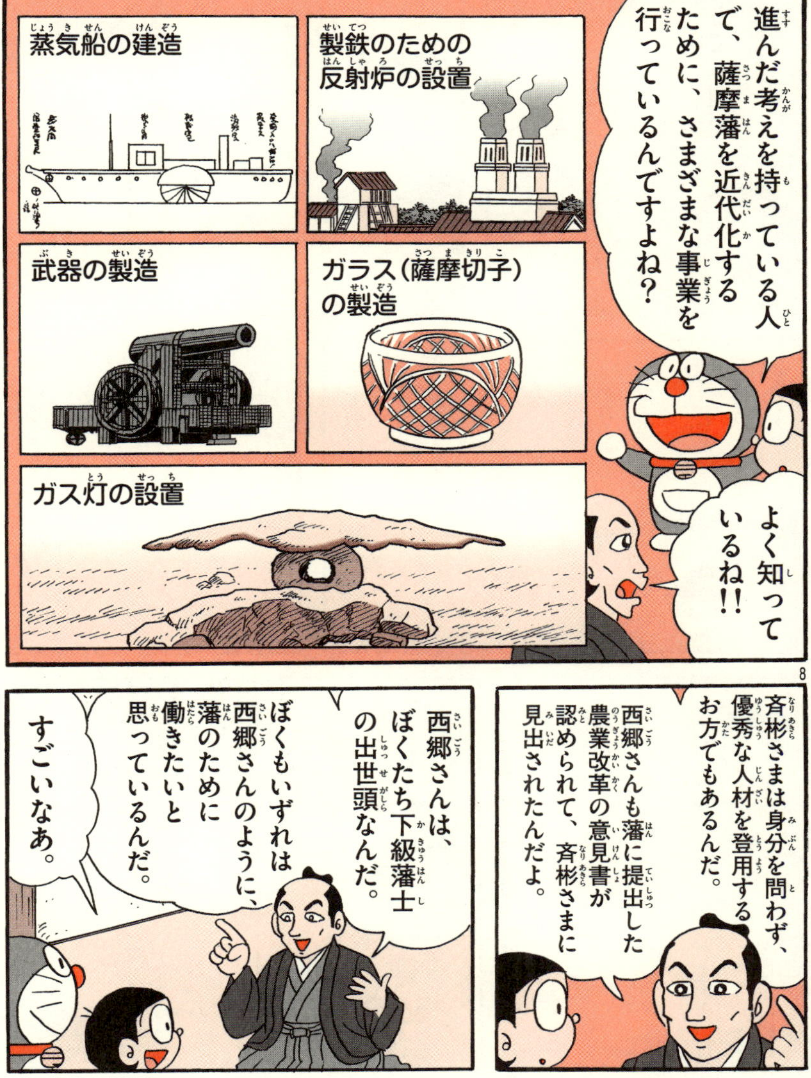
進《すす》んだ考《かんが》えを持《も》っている人《ひと》で、薩摩藩《さつまはん》を近代化《きんだいか》するために、さまざまな事業《じぎょう》を行《おこな》っているんですよね？
製鉄《せいてつ》のための反射炉《はんしゃろ》の設置《せっち》
蒸気船《じょうきせん》の建造《けんぞう》
ガラス（薩摩切子《さつまきりこ》）の製造《せいぞう》
武器《ぶき》の製造《せいぞう》
ガス灯《とう》の設置《せっち》
よく知《し》っているね!!
8
斉彬《なりあきら》さまは身分《みぶん》を問《と》わず、優秀《ゆうしゅう》な人材《じんざい》を登用《とうよう》するお方《かた》でもあるんだ。
西郷《さいごう》さんも藩《はん》に提出《ていしゅつ》した農業改革《のうぎょうかいかく》の意見書《いけんしょ》が認《みと》められて、斉彬《なりあきら》さまに見出《みいだ》されたんだよ。
西郷《さいごう》さんは、ぼくたち下級藩士《かきゅうはんし》の出世頭《しゅっせがしら》なんだ。
ぼくもいずれは西郷《さいごう》さんのように、藩《はん》のために働《はたら》きたいと思《おも》っているんだ。
すごいなあ。

じゃあ、ぼくたちこれから西郷《さいごう》さんに会《あ》いに行《い》きます。
え!?
きみたち、江戸《えど》がどこにあるのか知《し》ってるの?
とても遠《とお》いんだよ!?
だいじょうぶ、ぼくたちにはどこでもドアがあるから。
!!
何《なに》それ!!西洋《せいよう》の新兵器《しんへいき》かね!?
な、何《なん》でもありません。失礼《しつれい》します。さようなら~。
ドドド
同《おな》じころの江戸《えど》。
さて、西郷《さいごう》さんはどこかな。
任《まか》せて。
たずねたい人《ひと》のいる方向《ほうこう》に倒《たお》れる、たずね人《びと》ステッキを使《つか》おう。

西郷《さいごう》さんはどこだ？
パタリ
ちょっと、このつっかえ棒《ぼう》をとってくれんかね？
ドドド
目《め》の前《まえ》にいた!!
この人《ひと》が西郷《さいごう》さん!?
こんにちは、ぼくのび太《た》です。
ドドド
はて？
どこかで会《あ》ったことがあったかな？
大久保《おおくぼ》さんから、西郷《さいごう》さんの居場所《いばしょ》を聞《き》いてきました。
彼《かれ》の知《し》り合《あ》いか。
それにしても、薩摩《さつま》からはるばる江戸《えど》までよくきたね。
ドドド
どこでもドアで……。
それは言《い》わなくていいから。
どうしてそんなに急《いそ》いでいるんですか？
ドド
ドド

10

斉彬《なりあきら》さまの使《つか》いで福井藩《ふくいはん》の藩主《はんしゅ》・松平《まつだいら》春嶽《しゅんがく》さまの所《ところ》に手紙《てがみ》を届《とど》けに行《い》くところなんだ。
日米和親条約《にちべいわしんじょうやく》（1854年《ねん》）
1854年《ねん》、島津斉彬《しまづなりあきら》は参勤交代《さんきんこうたい》（※）のため江戸《えど》に上《のぼ》った。この年《とし》、幕府《ばくふ》がアメリカと「日米和親条約《にちべいわしんじょうやく》」を結《むす》び、日本《にっぽん》の政治《せいじ》は大《おお》きく動《うご》きはじめていた。
斉彬《なりあきら》に従《したが》って江戸《えど》に上《のぼ》っていた西郷《さいごう》は、斉彬《なりあきら》の使《つか》いとして、幕府《ばくふ》の重役《じゅうやく》や有名《ゆうめい》大名《だいみょう》のもとを走《はし》り回《まわ》り、人脈《じんみゃく》を広《ひろ》げていった。とくに「尊皇攘夷《そんのうじょうい》」を主張《しゅちょう》する水戸藩《みとはん》（茨城県《いばらきけん》）の藤田東湖《ふじたとうこ》や、福井藩《ふくいはん》の橋本左内《はしもとさない》などと深《ふか》く交流《こうりゅう》した。
福井藩《ふくいはん》の学者《がくしゃ》 橋本左内《はしもとさない》
水戸藩《みとはん》の学者《がくしゃ》 藤田東湖《ふじたとうこ》

※参勤交代《さんきんこうたい》……諸藩《しょはん》の大名《だいみょう》は、1年《ねん》ごとに江戸《えど》と領地《りょうち》を往復《おうふく》することを幕府《ばくふ》に命《めい》じられていた。

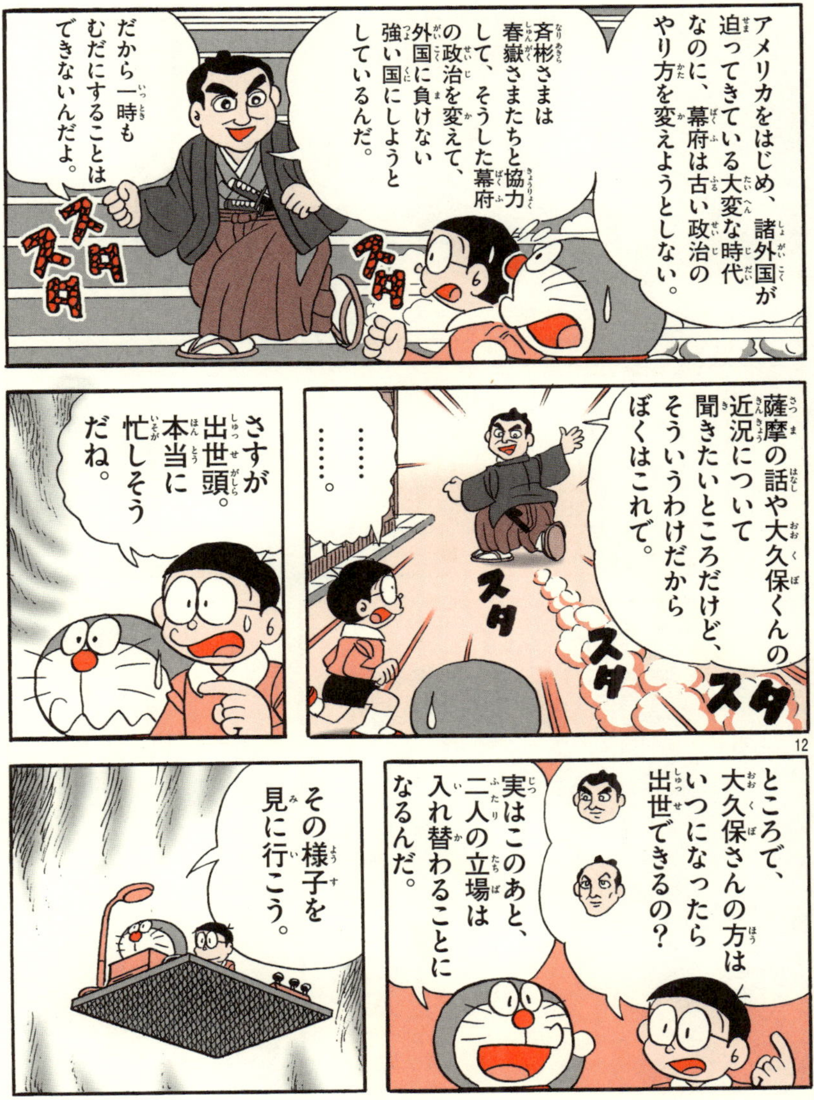
アメリカをはじめ、諸外国《しょがいこく》が迫《せま》ってきている大変《たいへん》な時代《じだい》なのに、幕府《ばくふ》は古《ふる》い政治《せいじ》のやり方《かた》を変《か》えようとしない。
斉彬《なりあきら》さまは春嶽《しゅんがく》さまたちと協力《きょうりょく》して、そうした幕府《ばくふ》の政治《せいじ》を変《か》えて、外国《がいこく》に負《ま》けない強《つよ》い国《くに》にしようとしているんだ。
だから一時《いっとき》もむだにすることはできないんだよ。
スタ
スタ
スタ
薩摩《さつま》の話《はなし》や大久保《おおくぼ》くんの近況《きんきょう》について聞《き》きたいところだけど、そういうわけだからぼくはこれで。
スタ
スタ
スタ
……
……。
さすが出世頭《しゅっせがしら》。本当《ほんとう》に忙《いそが》しそうだね。
ところで、大久保《おおくぼ》さんの方《ほう》はいつになったら出世《しゅっせ》できるの？
実《じつ》はこのあと、二人《ふたり》の立場《たちば》は入《い》れ替《か》わることになるんだ。
その様子《ようす》を見《み》に行《い》こう。

12

1858年《ねん》、幕府《ばくふ》は朝廷《ちょうてい》の許可《きょか》を得《え》ぬままアメリカとのあいだに「日米修好通商条約《にちべいしゅうこうつうしょうじょうやく》」を結《むす》び、それに反対《はんたい》する尊皇攘夷派《そんのうじょういは》の人《ひと》たちを厳《きび》しくとり締《し》まる「安政《あんせい》の大獄《たいごく》」を開始《かいし》した。
安政《あんせい》の大獄《たいごく》（1858年《ねん》）
朝廷
反対《はんたい》
幕府
米国
そのさなかに藩主《はんしゅ》・島津斉彬《しまづなりあきら》が病死《びょうし》し、薩摩藩《さつまはん》の実権《じっけん》は弟《おとうと》の島津久光《しまづひさみつ》が握《にぎ》った。
島津斉彬《しまづなりあきら》
島津久光《しまづひさみつ》
『安政《あんせい》の大獄《たいごく》』の影響《えいきょう》は、尊皇攘夷派《そんのうじょういは》の人《ひと》たちと交流《こうりゅう》があった西郷《さいごう》の周《まわ》りにも及《およ》んだよ。
西郷《さいごう》は、親《した》しくしていた尊皇攘夷派《そんのうじょういは》の僧侶《そうりょ》・月照《げっしょう》が幕府《ばくふ》に捕《つか》まりそうになったのを助《たす》け、一緒《いっしょ》に薩摩《さつま》へ逃《に》げてきたんだ。
幕府

でも、幕府《ばくふ》を恐《おそ》れた薩摩藩《さつまはん》から月照《げっしょう》の受《う》け入《い》れを断《ことわ》られ、月照《げっしょう》を助《たす》ける約束《やくそく》を果《は》たせなかった西郷《さいごう》は……
絶望《ぜつぼう》して、月照《げっしょう》とともに海《うみ》に飛《と》び込《こ》んで死《し》ぬことにしたんだ。
しかし西郷《さいごう》一人《ひとり》だけが生《い》き残《のこ》り、その後《ご》、藩《はん》の命令《めいれい》で奄美大島《あまみおおしま》に送《おく》られてしまったよ。
奄美大島《あまみおおしま》
14
どうして島《しま》に？
幕府《ばくふ》の追及《ついきゅう》を逃《のが》れるため、薩摩藩《さつまはん》はやっかい払《ばら》いをしたんだよ。
しっしっ
幕府
薩
藩《はん》の弱腰《よわごし》な対応《たいおう》に怒《おこ》った大久保《おおくぼ》たちは、脱藩《だっぱん》して、そもそもの原因《げんいん》になった『安政《あんせい》の大獄《たいごく》』をはじめた幕府《ばくふ》の大老《たいろう》・井伊直弼《いいなおすけ》を暗殺《あんさつ》しようとしたんだ。
幕府
そんな乱暴《らんぼう》な!!

でも、その計画《けいかく》を知《し》った島津久光《しまづひさみつ》に説得《せっとく》されて、大久保《おおくぼ》たちは思《おも》いとどまったんだ。
ダメ。
この時《とき》、行動《こうどう》は過激《かげき》だけど、政治《せいじ》への熱意《ねつい》を高《たか》く評価《ひょうか》された大久保《おおくぼ》は、その後《ご》、久光《ひさみつ》に重《おも》く用《もち》いられることになったよ。
大久保《おおくぼ》たち若《わか》い下級藩士《かきゅうはんし》は、奄美大島《あまみおおしま》にいる西郷《さいごう》を心《こころ》の支《ささ》えとして『精忠組《せいちゅうぐみ》』と呼《よ》ばれるグループをつくり、薩摩藩《さつまはん》の中《なか》で次第《しだい》に力《ちから》を伸《の》ばしていったんだ。
1862年《ねん》、薩摩国《さつまのくに》。
あれは?
京都《きょうと》に向《む》かう薩摩藩《さつまはん》の軍勢《ぐんぜい》だよ。
幕府《ばくふ》に政治《せいじ》のやり方《かた》を改《あらた》めさせて、朝廷《ちょうてい》と幕府《ばくふ》が協力《きょうりょく》して政治《せいじ》を行《おこな》う国《くに》にしようと考《かんが》えた島津久光《しまづひさみつ》は、幕府《ばくふ》に圧力《あつりょく》をかけるために大軍《たいぐん》を率《ひき》いて京都《きょうと》に上《のぼ》ったんだ。

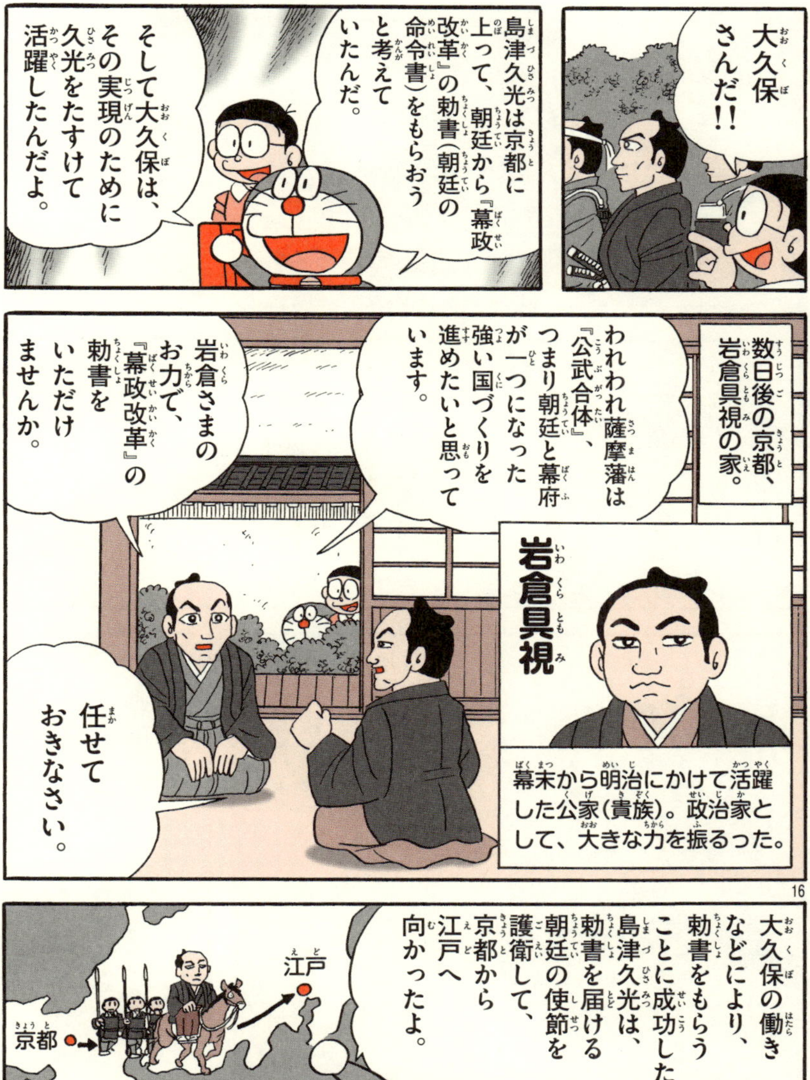
大久保《おおくぼ》さんだ!!
島津久光《しまづひさみつ》は京都《きょうと》に上《のぼ》って、朝廷《ちょうてい》から『幕政《ばくせい》改革《かいかく》』の勅書《ちょくしょ》(朝廷《ちょうてい》の命令書《めいれいしょ》)をもらおうと考《かんが》えていたんだ。
そして大久保《おおくぼ》は、その実現《じつげん》のために久光《ひさみつ》をたすけて活躍《かつやく》したんだよ。
数日後《すうじつご》の京都《きょうと》、岩倉具視《いわくらともみ》の家《いえ》。
われわれ薩摩藩《さつまはん》は『公武合体《こうぶがったい》』、つまり朝廷《ちょうてい》と幕府《ばくふ》が一《ひと》つになった強《つよ》い国《くに》づくりを進《すす》めたいと思《おも》っています。
岩倉《いわくら》さまのお力《ちから》で、『幕政改革《ばくせいかいかく》』の勅書《ちょくしょ》をいただけませんか。
岩倉具視《いわくらともみ》
幕末《ばくまつ》から明治《めいじ》にかけて活躍《かつやく》した公家《くげ》(貴族《きぞく》)。政治家《せいじか》として、大《おお》きな力《ちから》を振《ふ》るった。
任《まか》せておきなさい。
大久保《おおくぼ》の働《はたら》きなどにより、勅書《ちょくしょ》をもらうことに成功《せいこう》した島津久光《しまづひさみつ》は、勅書《ちょくしょ》を届《とど》ける朝廷《ちょうてい》の使節《しせつ》を護衛《ごえい》して、京都《きょうと》から江戸《えど》へ向《む》かったよ。
江戸《えど》
京都《きょうと》

勅書《ちょくしょ》を突《つ》きつけられた幕府《ばくふ》は、しぶしぶながら『幕政改革《ばくせいかいかく》』を行《おこな》ったんだ。
松平春嶽《まつだいらしゅんがく》
徳川家茂《とくがわいえもち》
一橋慶喜《ひとつばしよしのぶ》（徳川慶喜《とくがわよしのぶ》）
これからは『公武合体《こうぶがったい》』の世《よ》の中《なか》じゃ。
薩摩藩《さつまはん》の思《おも》い通《どお》りになったんだね。
でも、幕政改革《ばくせいかいかく》を成功《せいこう》させ、江戸《えど》から帰《かえ》る薩摩藩《さつまはん》一行《いっこう》を大事件《だいじけん》が待《ま》ち受《う》けていたんだ。
それが『生麦事件《なまむぎじけん》』だよ。
17
舌《した》をかんだ。
それは早口言葉《はやくちことば》。
ナマムギ
ナマゴメ
ナマタマゴ
【生麦事件《なまむぎじけん》（1862年《ねん》）】
帰国《きこく》する島津久光《しまづひさみつ》の行列《ぎょうれつ》に踏《ふ》み込《こ》んでしまったイギリス人《じん》を、薩摩藩士《さつまはんし》が斬《き》り捨《す》ててしまったんだ。
無礼者《ぶれいもの》!!
ひどい!!

身分制度《みぶんせいど》の厳《きび》しい江戸時代《えどじだい》には、大名行列《だいみょうぎょうれつ》を馬《うま》で横切《よこぎ》ることはとても無礼《ぶれい》なことだとされていたんだ。
だから、問答無用《もんどうむよう》で斬《き》り捨《す》ててしまったんだけど、これが大問題《だいもんだい》に発展《はってん》したんだよ。
【薩英戦争《さつえいせんそう》（1863年《ねん》）】
ワー
ワー
ワー
何《なに》が起《お》こったの？
生麦事件《なまむぎじけん》の仕返《しかえ》しで、イギリス軍《ぐん》が鹿児島湾《かごしまわん》に攻《せ》めてきたんだ。
すごい砲撃戦《ほうげきせん》!!
ドカン
ドカン
この戦《たたか》いでは、大久保《おおくぼ》も指揮官《しきかん》として活躍《かつやく》したよ。

どんな活躍《かつやく》？
見《み》に行《い》こう。
薩摩藩《さつまはん》の陣地《じんち》。
ワーワーワー
ドンガラガッシャン
びっくりした!!
あいたたた。
大久保《おおくぼ》さん!?
戦況《せんきょう》を見《み》ようと屋根《やね》に上《のぼ》ったら、足《あし》を滑《すべ》らせた。
きみたち、こんな所《ところ》で何《なに》を!?
早《はや》く逃《に》げなさい。わが藩《はん》も善戦《ぜんせん》しているが、とても敵《かな》いそうにないんだ。

19

うーむ、わが藩《はん》ももっと近代化《きんだいか》しないとだめだな。
ドドド
ぶつぶつ
……。
どういうこと？大久保《おおくぼ》さんたち、負《ま》けちゃうの？
鹿児島《かごしま》の町《まち》は大《おお》きな被害《ひがい》を受《う》けたけど、イギリス側《がわ》も痛手《いたで》を負《お》って引《ひ》き揚《あ》げたよ。
20
その後《ご》、薩摩藩《さつまはん》とイギリスは和平交渉《わへいこうしょう》を行《おこな》ったんだけど、その過程《かてい》でお互《たが》いの力《ちから》を認《みと》め合《あ》った両者《りょうしゃ》は、協力《きょうりょく》関係《かんけい》を結《むす》ぶことになった。そして薩摩藩《さつまはん》はイギリスから最新式《さいしんしき》の武器《ぶき》を買《か》い、軍備《ぐんび》を整《ととの》えたんだ。

薩英戦争《さつえいせんそう》で主力《しゅりょく》として戦《たたか》った大久保《おおくぼ》たちは藩内《はんない》で力《ちから》を伸《の》ばし、1864年《ねん》には西郷隆盛《さいごうたかもり》を薩摩藩《さつまはん》の政治《せいじ》の中心《ちゅうしん》に復帰《ふっき》させた。

薩摩藩《さつまはん》
会津藩《あいづはん》

長州藩《ちょうしゅうはん》

また、薩英戦争《さつえいせんそう》でその実力《じつりょく》を見《み》せつけた薩摩藩《さつまはん》は、幕末《ばくまつ》の政治《せいじ》の舞台《ぶたい》で大《おお》きな力《ちから》を持《も》つことになる。1864年《ねん》に起《お》こった『蛤御門《はまぐりごもん》の変《へん》』では会津藩《あいづはん》（福島県《ふくしまけん》）と組《く》んで、ライバルの長州藩《ちょうしゅうはん》（山口県《やまぐちけん》）を京都《きょうと》から追《お》い出《だ》した。

西郷《さいごう》は『蛤御門《はまぐりごもん》の変《へん》』で薩摩軍《さつまぐん》を指揮《しき》した功績《こうせき》から、『第《だい》1次《じ》長州征討《ちょうしゅうせいとう》』の参謀《さんぼう》に抜擢《ばってき》されたんだ。
長州征討《ちょうしゅうせいとう》
でもね…
幕府《ばくふ》の役人《やくにん》の私《わたし》が言《い》うのも何《なん》だけど……幕府《ばくふ》はもうだめだよ。
これからは有力《ゆうりょく》な諸大名《しょだいみょう》が一致団結《いっちだんけつ》して外国《がいこく》に負《ま》けない国《くに》づくりをしなければね。
確《たし》かに……。
勝海舟《かつかいしゅう》との会談《かいだん》

長州藩《ちょうしゅうはん》を追《お》い詰《つ》めるのは得策《とくさく》ではないと考《かんが》えを改《あらた》めた西郷《さいごう》は、幕府《ばくふ》に第《だい》1次長州征討《じちょうしゅうせいとう》の中止《ちゅうし》を提案《ていあん》したんだ。
長州征討《ちょうしゅうせいとう》
ポイ
多《おお》くの藩《はん》も西郷《さいごう》の意見《いけん》に賛成《さんせい》したので、結局《けっきょく》、長州征討《ちょうしゅうせいとう》はとりやめになったよ。
こうした中《なか》で結《むす》ばれたのが、『薩長同盟《さっちょうどうめい》』だったよ。
薩長同盟《さっちょうどうめい》
確《たし》か……龍馬《りょうま》さんの勧《すす》めで、薩摩藩《さつまはん》と長州藩《ちょうしゅうはん》が手《て》を結《むす》んだんだよね？
その通《とお》り。
その後《ご》の『第《だい》2次長州征討《じちょうしゅうせいとう》』では、薩摩藩《さつまはん》の支援《しえん》を受《う》けた長州藩《ちょうしゅうはん》が幕府軍《ばくふぐん》を破《やぶ》ったことも覚《おぼ》えているよね。
もちろん!!
高杉晋作《たかすぎしんさく》さんや伊藤博文《いとうひろぶみ》さんが活躍《かつやく》した戦《たたか》いだね。
その後《ご》の動《うご》きは複雑《ふくざつ》だから、もう一度《いちど》おさらいしておこう。

【大政奉還《たいせいほうかん》（1867年《ねん》10月《がつ》）】前土佐藩主《ぜんとさはんしゅ》・山内容堂《やまうちようどう》の勧《すす》めで、15代《だい》将軍《しょうぐん》・徳川慶喜《とくがわよしのぶ》は政権《せいけん》を朝廷《ちょうてい》に返《かえ》すことを決《き》めた。
これからはわれわれ有力大名《ゆうりょくだいみょう》が話《はな》し合《あ》いながら、朝廷《ちょうてい》をたすけて政治《せいじ》を行《おこな》いましょう。
まあいい。
政権《せいけん》を返上《へんじょう》しても、新《あたら》しい政府《せいふ》の中《なか》で主導権《しゅどうけん》を握《にぎ》ればいいんだ。
【王政復古《おうせいふっこ》（1867年《ねん》12月《がつ》）】
徳川慶喜《とくがわよしのぶ》に力《ちから》を持《も》たせたら今《いま》までと変《か》わらないなあ……。
岩倉《いわくら》さんに協力《きょうりょく》してもらって、新政府《しんせいふ》から追《お》い出《だ》しましょう。
任《まか》せろ。
23
古《ふる》い政治《せいじ》を改《あらた》めて、主上《しゅじょう》（天皇《てんのう》）を中心《ちゅうしん》にした新《あたら》しい政府《せいふ》をつくるために力《ちから》を尽《つ》くします。
くくっ……。
その夜《よる》、京都御所《きょうとごしょ》で大政奉還後《たいせいほうかんご》の新《あたら》しい政府《せいふ》の仕組《しく》みについて会議《かいぎ》が開《ひら》かれた。

この席《せき》に前将軍《ぜんしょうぐん》の徳川《とくがわ》慶喜《よしのぶ》さまを呼《よ》ばないのはおかしい!!
いや、大政奉還《たいせいほうかん》したのだから、必要《ひつよう》ないでしょう。
そうです!官位《かんい》も領地《りょうち》も朝廷《ちょうてい》にお返《かえ》しさせましょう!!
何《なに》を言《い》うか!!
そっちこそ!!
なかなか結論《けつろん》が出《で》ないね。
ふあ〜っ
まあまあ。
24
ところで、西郷《さいごう》さんの姿《すがた》が見《み》えないけど?
外《そと》にいるはずだよ。
大事《だいじ》な会議《かいぎ》なのに、参加《さんか》しないの?
いた。

おや、久《ひさ》しぶりだね。
こんな所《ところ》で何《なに》をしているんだい？
西郷《さいごう》さんこそ、会議《かいぎ》に出《で》なくていいんですか？
会議《かいぎ》のことは大久保《おおくぼ》くんに任《まか》せておけばいい。
ぼくは会議《かいぎ》にじゃまが入《はい》らないように、警備《けいび》しているんだ。
何《なに》しろ旧幕府側《きゅうばくふがわ》が『王政復古《おうせいふっこ》』に反対《はんたい》しているからね。
そうか。
25
何《なに》が起《お》こるか分《わ》からないから、早《はや》く帰《かえ》った方《ほう》がいいよ。
はーい。
………
結局《けっきょく》、大久保《おおくぼ》さんたちの話《はな》し合《あ》いはどうなったの？
必死《ひっし》の説得《せっとく》が実《みの》って、岩倉《いわくら》や大久保《おおくぼ》の意見《いけん》が通《とお》ったんだ。
つまり、徳川慶喜《とくがわよしのぶ》に官位《かんい》も領地《りょうち》も返上《へんじょう》させることが決定《けってい》したんだよ。

慶喜《よしのぶ》さんや旧幕府側《きゅうばくふがわ》の人《ひと》たちは怒《おこ》っただろうね。
そりゃそうさ。
しかも、新《あたら》しい政府《せいふ》ができたといっても、まだ旧幕府側《きゅうばくふがわ》も大《おお》きな力《ちから》を持《も》っていたんだ。
新政府《しんせいふ》
旧幕府《きゅうばくふ》
新政府《しんせいふ》で『参与《さんよ》』という重要《じゅうよう》な役職《やくしょく》についた西郷《さいごう》や大久保《おおくぼ》は、このままでは日本《にっぽん》を一《ひと》つの国《くに》にすることはできないと考《かんが》えて……
日本《にっぽん》
新政府《しんせいふ》
旧幕府《きゅうばくふ》
旧幕府側《きゅうばくふがわ》を徹底的《てっていてき》にやっつけることにしたんだ。
徳川慶喜《とくがわよしのぶ》に対《たい》する処分《しょぶん》を知《し》った旧幕府側《きゅうばくふがわ》には、薩摩藩《さつまはん》に対《たい》する怒《いか》りの声《こえ》がわき上《あ》がった。その声《こえ》に押《お》されて、大坂城《おおさかじょう》にいた徳川慶喜《とくがわよしのぶ》は軍勢《ぐんぜい》を率《ひき》いて京都《きょうと》へ向《む》かった。その結果《けっか》、薩摩藩《さつまはん》と長州藩《ちょうしゅうはん》を中心《ちゅうしん》とする新政府軍《しんせいふぐん》と旧幕府軍《きゅうばくふぐん》のあいだで戦《たたか》いが起《お》こった。
【鳥羽《とば》・伏見《ふしみ》の戦《たたか》い（1868年《ねん》）】
やっぱりイギリス製《せい》の武器《ぶき》は性能《せいのう》がいいなあ。
敵《かな》わん、逃《に》げろ!!

26

これが新政府側《しんせいふがわ》と旧幕府側《きゅうばくふがわ》の約《やく》1年間《ねんかん》にわたる『戊辰戦争《ぼしんせんそう》』のはじまりだったんだ。
鳥羽《とば》・伏見《ふしみ》の戦《たたか》いに敗《やぶ》れた旧幕府軍《きゅうばくふぐん》は大坂《おおさか》から江戸《えど》へ敗走《はいそう》したんだけど、新政府軍《しんせいふぐん》はそれを追《お》って京都《きょうと》から江戸《えど》へ攻《せ》め上《あ》がったよ。
西郷《さいごう》は新政府軍《しんせいふぐん》の参謀《さんぼう》となり、実質的《じっしつてき》な司令官《しれいかん》として戊辰戦争《ぼしんせんそう》を戦《たたか》うことになったんだ。
その様子《ようす》を見《み》に行《い》こう。

27

1868年《ねん》、品川《しながわ》(東京都《とうきょうと》)の薩摩藩邸《さつまはんてい》。
明日《あした》はいよいよ江戸《えど》総攻撃《そうこうげき》か。
西郷《さいごう》さん！勝海舟《かつかいしゅう》が一人《ひとり》で乗《の》り込《こ》んできました!!
何《なに》っ!?
28
勝《かつ》さん、何《なに》をしにきたのかな？
勝《かつ》は旧幕府側《きゅうばくふがわ》の代表《だいひょう》として、江戸《えど》総攻撃《そうこうげき》の中止《ちゅうし》を求《もと》めにきたんだよ。
透明《とうめい》マントをかぶって、こっそり様子《ようす》を見《み》よう。

江戸《えど》の町《まち》が戦場《せんじょう》になったら、おおぜいの人《ひと》が犠牲《ぎせい》になりますよ。
攻撃《こうげき》をやめるなら、私《わたし》が責任《せきにん》を持《も》って旧幕府軍《きゅうばくふぐん》を武装解除《ぶそうかいじょ》します。
…………。
まあ……どうしても攻《せ》めるというなら、こっちも一戦《いっせん》交《まじ》えるだけですがね……。
…………。
分《わ》かりました、私《わたし》の責任《せきにん》で明日《あした》の攻撃《こうげき》は中止《ちゅうし》させましょう。
よかったね！これで戦争《せんそう》は終《お》わりだね!!
…………。
戦《たたか》いは、まだ続《つづ》くんだ。江戸総攻撃《えどそうこうげき》は中止《ちゅうし》になったけど、旧幕府側《きゅうばくふがわ》の武士《ぶし》の中《なか》には降伏《こうふく》に反対《はんたい》する人《ひと》もおおぜいいたからね。
ええ——っ!!
29

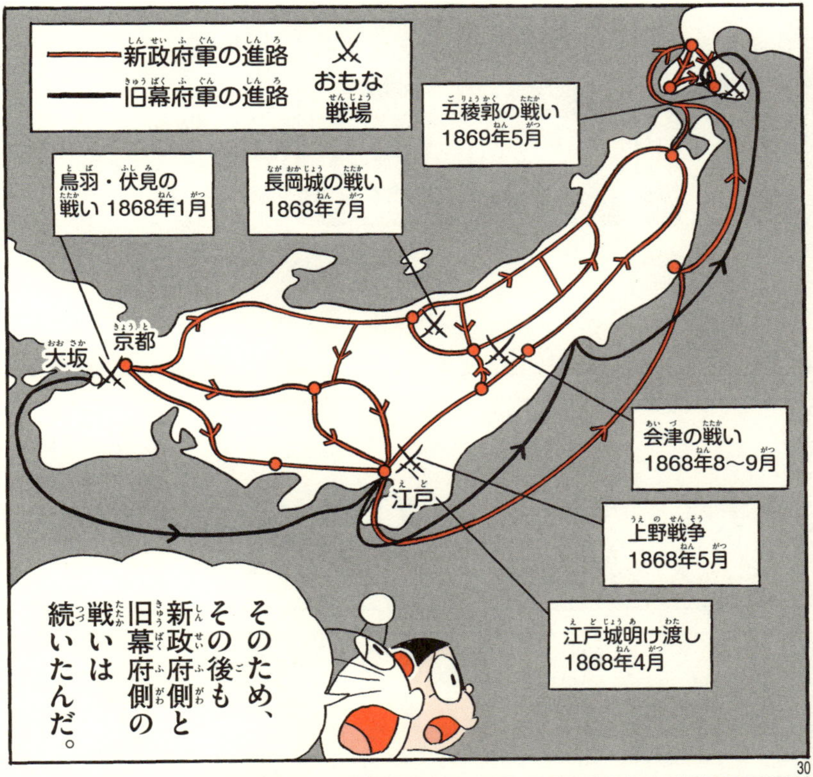
新政府軍《しんせいふぐん》の進路《しんろ》
旧幕府軍《きゅうばくふぐん》の進路《しんろ》
おもな戦場《せんじょう》
五稜郭《ごりょうかく》の戦《たたか》い 1869年《ねん》5月《がつ》
鳥羽《とば》・伏見《ふしみ》の戦《たたか》い 1868年《ねん》1月《がつ》
長岡城《ながおかじょう》の戦《たたか》い 1868年《ねん》7月《がつ》
京都《きょうと》
大坂《おおさか》
会津《あいづ》の戦《たたか》い 1868年《ねん》8〜9月《がつ》
上野戦争《うえのせんそう》 1868年《ねん》5月《がつ》
江戸《えど》
江戸城明《えどじょうあ》け渡《わた》し 1868年《ねん》4月《がつ》
そのため、その後《ご》も新政府側《しんせいふがわ》と旧幕府側《きゅうばくふがわ》の戦《たたか》いは続《つづ》いたんだ。

30

結局《けっきょく》、戊辰戦争《ぼしんせんそう》が終《お》わったのは1869年《ねん》5月《がつ》のことだったよ。
そのあいだ、大久保《おおくぼ》さんは何《なに》をしていたの!?

大久保利通《おおくぼとしみち》
木戸孝允《きどたかよし》
伊藤博文《いとうひろぶみ》
大久保《おおくぼ》は『江戸《えど》』を『東京《とうきょう》』に改《あらた》めることを提案《ていあん》するなど、木戸孝允《きどたかよし》（桂小五郎《かつらこごろう》）や伊藤博文《いとうひろぶみ》たちとともに、新政府《しんせいふ》の中心人物《ちゅうしんじんぶつ》として働《はたら》いていたよ。
西郷《さいごう》と大久保《おおくぼ》は新政府《しんせいふ》の中《なか》で『参議《さんぎ》』という重要《じゅうよう》な役職《やくしょく》につき、力《ちから》を合《あ》わせて明治維新《めいじいしん》を進《すす》めたんだけど……
新《あたら》しい政府《せいふ》の中《なか》で、やがて二人《ふたり》は別《べつ》べつの道《みち》を歩《あゆ》むことになったんだ。
どうして？
31
1871年《ねん》、大久保《おおくぼ》は岩倉具視《いわくらともみ》を団長《だんちょう》とする岩倉使節団《いわくらしせつだん》の一員《いちいん》として伊藤博文《いとうひろぶみ》、木戸孝允《きどたかよし》らとともに欧米《おうべい》に渡《わた》った。
不平等条約《ふびょうどうじょうやく》の改正交渉《かいせいこうしょう》や、外国《がいこく》の進《すす》んだ制度《せいど》を学《まな》ぶために、欧米《おうべい》へ視察《しさつ》の旅《たび》に出《で》かけます。
留守中《るすちゅう》の日本《にっぽん》は頼《たの》みましたよ。
任《まか》せてくれ。

ところが、使節団《しせつだん》が欧米《おうべい》にいるあいだ、日本《にっぽん》では大《おお》きな問題《もんだい》が起《お》こっていた。
それが『征韓論争《せいかんろんそう》』だよ。
【征韓論争《せいかんろんそう》】新政府《しんせいふ》は朝鮮《ちょうせん》に対《たい》して、新政府《しんせいふ》ができたことを報告《ほうこく》し、新《あら》たに外交《がいこう》関係《かんけい》を結《むす》ぶための使節《しせつ》を送《おく》った。しかし、長《なが》いあいだ幕府《ばくふ》と外交《がいこう》関係《かんけい》を結《むす》んでいた朝鮮《ちょうせん》は、新政府《しんせいふ》を認《みと》めようとしなかった。そこで、「朝鮮《ちょうせん》を武力《ぶりょく》で開国《かいこく》させよう」という意見《いけん》がわき起《お》こった。それが「征韓論争《せいかんろんそう》」だ。
今《いま》すぐ朝鮮《ちょうせん》へ軍隊《ぐんたい》を送《おく》って、開国《かいこく》させるべし!!
そうだそうだ!!
……………。
まず、私《わたし》が大使《たいし》として最後《さいご》の交渉《こうしょう》のために朝鮮《ちょうせん》に行《い》きましょう。
もし私《わたし》が朝鮮《ちょうせん》で殺《ころ》されるようなことがあったら、その時《とき》に戦争《せんそう》に踏《ふ》み切《き》ればいい。
死《し》ぬ覚悟《かくご》で朝鮮《ちょうせん》へ……
分《わ》かりました、お任《まか》せしましょう。

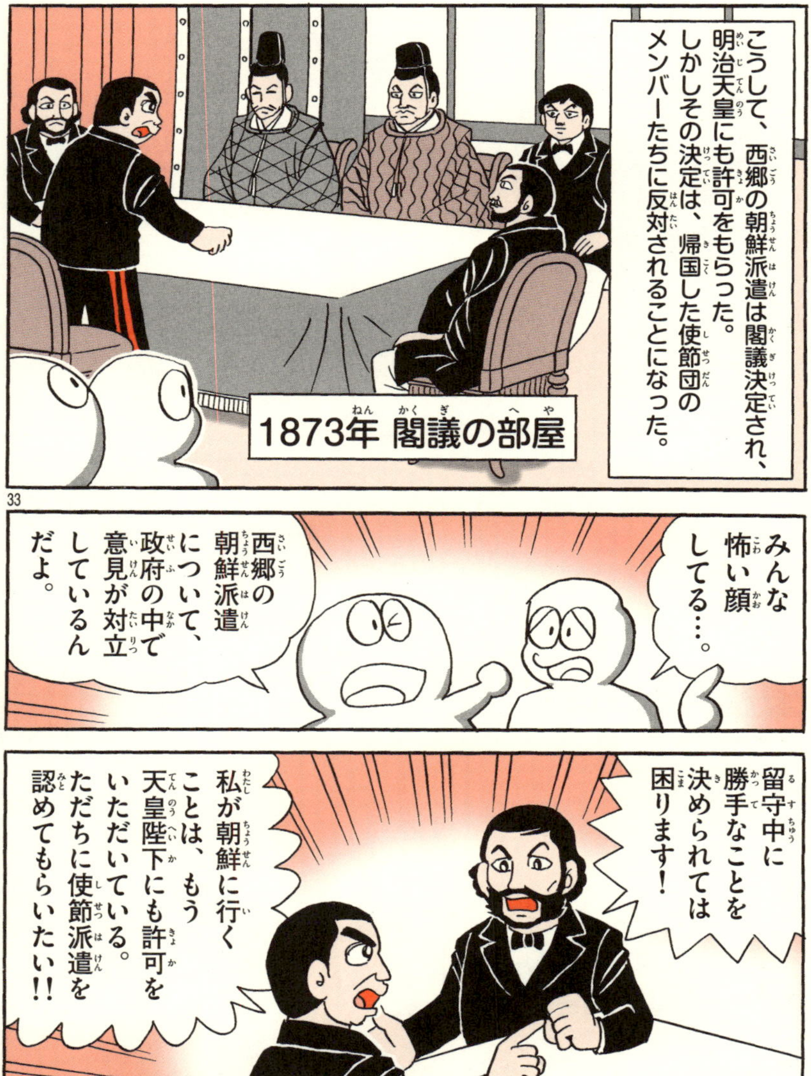
こうして、西郷《さいごう》の朝鮮《ちょうせん》派遣《はけん》は閣議決定《かくぎけってい》され、明治天皇《めいじてんのう》にも許可《きょか》をもらった。しかしその決定《けってい》は、帰国《きこく》した使節団《しせつだん》のメンバーたちに反対《はんたい》されることになった。
1873年《ねん》 閣議《かくぎ》の部屋《へや》
みんな怖《こわ》い顔《かお》してる…。
西郷《さいごう》の朝鮮《ちょうせん》派遣《はけん》について、政府《せいふ》の中《なか》で意見《いけん》が対立《たいりつ》しているんだよ。
留守中《るすちゅう》に勝手《かって》なことを決《き》められては困《こま》ります！
私《わたし》が朝鮮《ちょうせん》に行《い》くことは、もう天皇陛下《てんのうへいか》にも許可《きょか》をいただいている。ただちに使節派遣《しせつはけん》を認《みと》めてもらいたい!!

33

あなたが朝鮮《ちょうせん》で殺害《さつがい》されるようなことがあれば、必《かなら》ず戦争《せんそう》になる!!
わが国《くに》にはまだ、戦争《せんそう》をするような余力《よりょく》はありません!!
……。
……。
結局《けっきょく》、西郷側《さいごうがわ》の主張《しゅちょう》は受《う》け入《い》れられなかったんだ。
そこで、西郷《さいごう》の朝鮮派遣《ちょうせんはけん》に賛成《さんせい》していた参議《さんぎ》は政府《せいふ》を辞《や》めて、それぞれの故郷《こきょう》に帰《かえ》ってしまった。

34

西郷《さいごう》も鹿児島《かごしま》に帰《かえ》って、若者《わかもの》たちを教育《きょういく》するための『私学校《しがっこう》』を設立《せつりつ》したよ。
大久保《おおくぼ》さんは引《ひ》き留《と》めなかったの？
鹿児島《かごしま》に帰《かえ》る前《まえ》に、西郷《さいごう》は大久保《おおくぼ》の所《ところ》に行《い》って、別《わか》れのあいさつをしたんだけど……。
あとのことは頼《たの》んだよ。
まったく……困《こま》った人《ひと》ですね……。
………。
………。

35

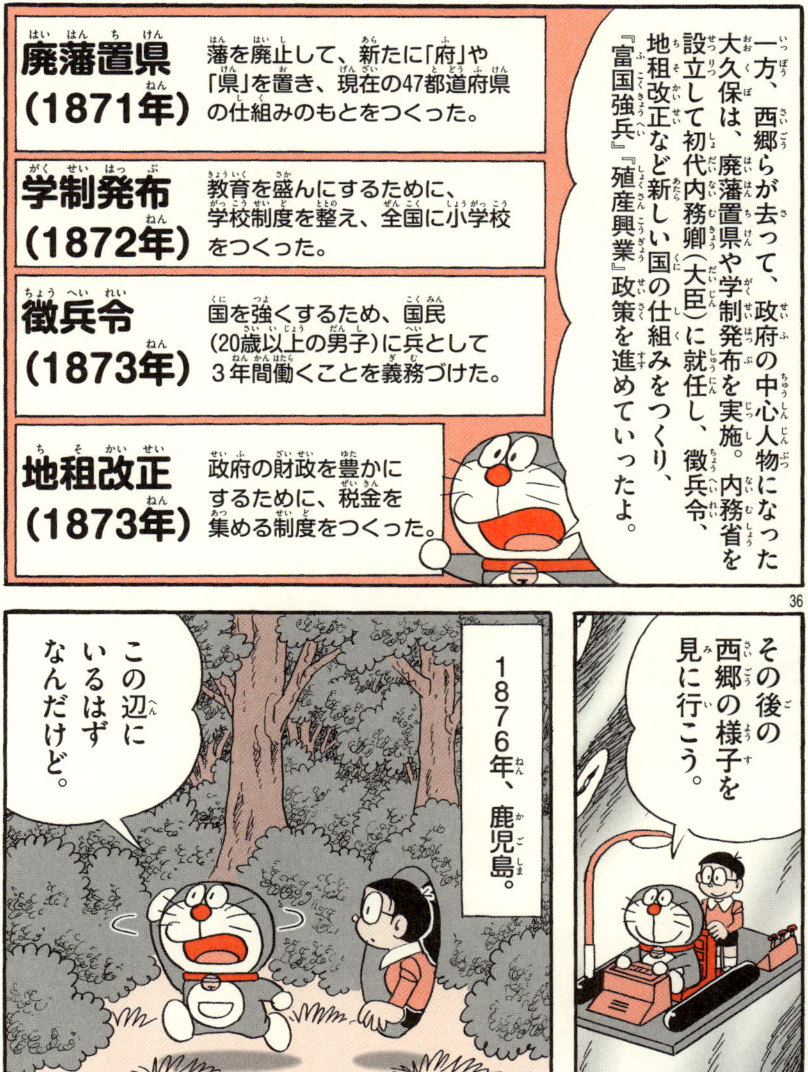
一方《いっぽう》、西郷《さいごう》らが去《さ》って、政府《せいふ》の中心人物《ちゅうしんじんぶつ》になった大久保《おおくぼ》は、廃藩置県《はいはんちけん》や学制発布《がくせいはっぷ》を実施《じっし》。内務省《ないむしょう》を設立《せつりつ》して初代内務卿《しょだいないむきょう》（大臣《だいじん》）に就任《しゅうにん》し、徴兵令《ちょうへいれい》、地租改正《ちそかいせい》など新《あたら》しい国《くに》の仕組《しく》みをつくり、『富国強兵《ふこくきょうへい》』『殖産興業《しょくさんこうぎょう》』政策《せいさく》を進《すす》めていったよ。
廃藩置県《はいはんちけん》（1871年《ねん》）
藩《はん》を廃止《はいし》して、新《あら》たに「府《ふ》」や「県《けん》」を置《お》き、現在《げんざい》の47都道府県《とどうふけん》の仕組《しく》みのもとをつくった。
学制発布《がくせいはっぷ》（1872年《ねん》）
教育《きょういく》を盛《さか》んにするために、学校制度《がっこうせいど》を整《ととの》え、全国《ぜんこく》に小学校《しょうがっこう》をつくった。
徴兵令《ちょうへいれい》（1873年《ねん》）
国《くに》を強《つよ》くするため、国民《こくみん》（20歳以上《さいいじょう》の男子《だんし》）に兵《へい》として3年間働《ねんかんはたら》くことを義務《ぎむ》づけた。
地租改正《ちそかいせい》（1873年《ねん》）
政府《せいふ》の財政《ざいせい》を豊《ゆた》かにするために、税金《ぜいきん》を集《あつ》める制度《せいど》をつくった。
36
その後《ご》の西郷《さいごう》の様子《ようす》を見《み》に行《い》こう。
1876年《ねん》、鹿児島《かごしま》。
この辺《へん》にいるはずなんだけど。

ガサッ
うわーっ!!
クマが出《で》たーっ!!
のび太《た》くんじゃないか。こんな所《ところ》で何《なに》をしてるの?
西郷《さいごう》さん!おどかさないでよ!!
ぼくたち、西郷《さい ごう》さんに会《あ》いにきたんです。
そうかね。
今《いま》から弁当《べんとう》なんだ。一緒《いっしょ》に食《た》べよう。
やったー!!
のんびり狩《か》りなんかしてて……政府《せいふ》のことは心配《しんぱい》じゃないんですか?
だいじょうぶ。

37

大久保《おおくぼ》くんたちに任《まか》せておけば安心《あんしん》だよ。
西郷《さいごう》さん!!
ヒソヒソ
何《なに》っ!?
しまった、何《なん》てことを……。
こうしてはいられない。
ドドド
すぐに城下《じょうか》に戻《もど》らなければ!!
あんなにあわてて、どうしたの?
私学校《しがっこう》の生徒《せいと》たちが政府《せいふ》に対《たい》して反乱《はんらん》を起《お》こしたんだよ。
ええーっ!!
どうして反乱《はんらん》なんか起《お》こしたの!?

38

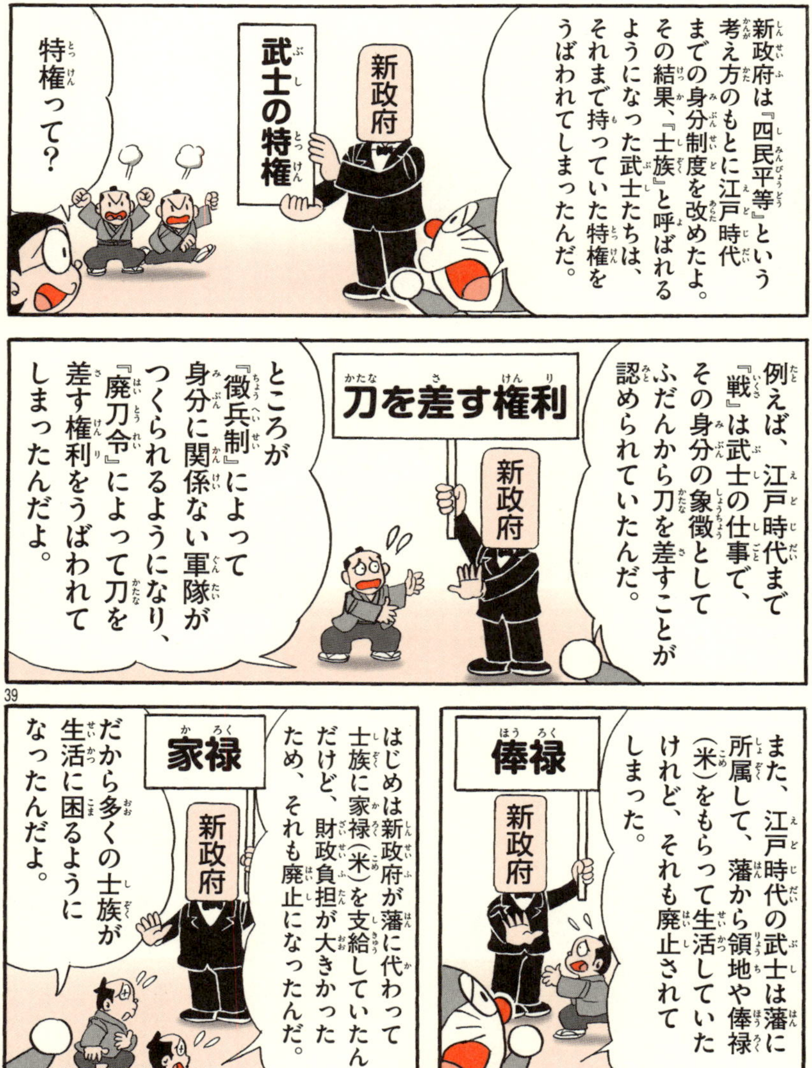
新政府《しんせいふ》は『四民平等《しみんびょうどう》』という考《かんが》え方《かた》のもとに江戸《えど》時代《じだい》までの身分制度《みぶんせいど》を改《あらた》めたよ。その結果《けっか》、『士族《しぞく》』と呼《よ》ばれるようになった武士《ぶし》たちは、それまで持《も》っていた特権《とっけん》をうばわれてしまったんだ。
新政府
武士《ぶし》の特権《とっけん》
特権《とっけん》って？
例《たと》えば、江戸時代《えどじだい》まで『戦《いくさ》』は武士《ぶし》の仕事《しごと》で、その身分《みぶん》の象徴《しょうちょう》としてふだんから刀《かたな》を差《さ》すことが認《みと》められていたんだ。
刀《かたな》を差《さ》す権利《けんり》
新政府
ところが『徴兵制《ちょうへいせい》』によって身分《みぶん》に関係《かんけい》ない軍隊《ぐんたい》がつくられるようになり、『廃刀令《はいとうれい》』によって刀《かたな》を差《さ》す権利《けんり》をうばわれてしまったんだよ。
39
また、江戸時代《えどじだい》の武士《ぶし》は藩《はん》に所属《しょぞく》して、藩《はん》から領地《りょうち》や俸禄《ほうろく》（米《こめ》）をもらって生活《せいかつ》していたけれど、それも廃止《はいし》されてしまった。
俸禄《ほうろく》
新政府
はじめは新政府《しんせいふ》が藩《はん》に代《か》わって士族《しぞく》に家禄《かろく》（米《こめ》）を支給《しきゅう》していたんだけど、財政負担《ざいせいふたん》が大《おお》きかったため、それも廃止《はいし》になったんだ。
家禄《かろく》
新政府
だから多《おお》くの士族《しぞく》が生活《せいかつ》に困《こま》るようになったんだよ。

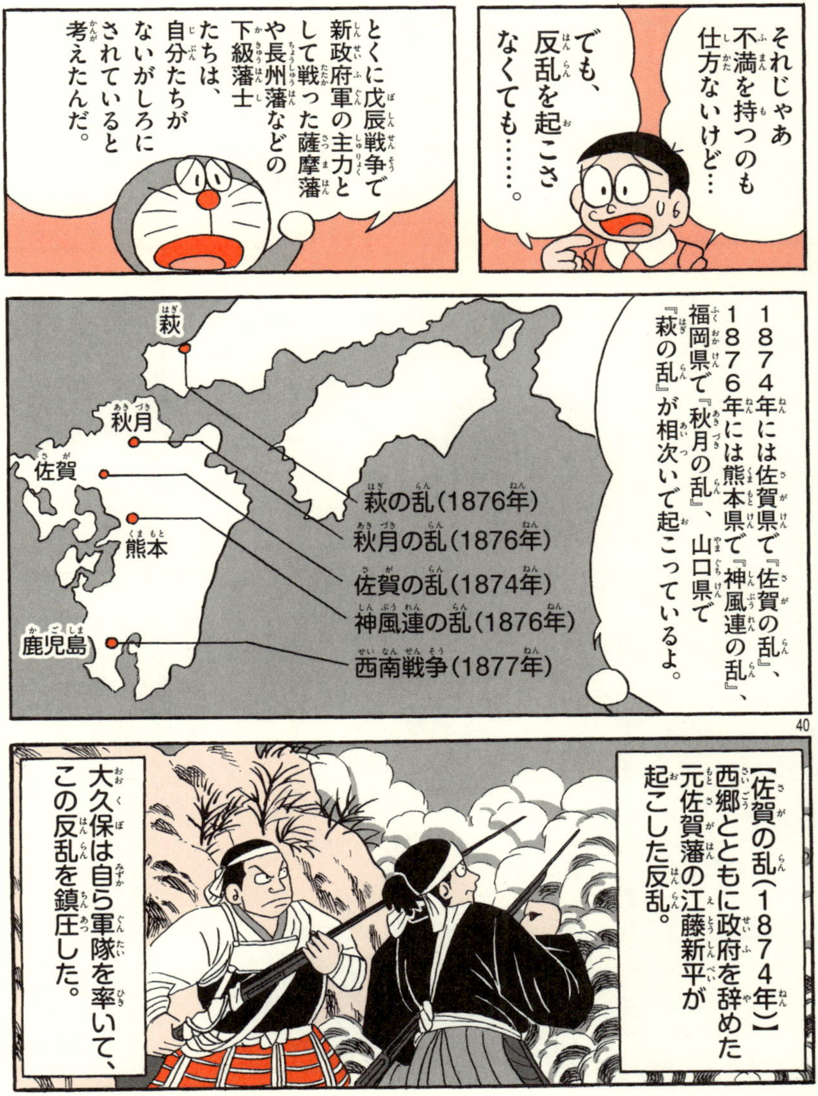

それじゃあ不満《ふまん》を持《も》つのも仕方《しかた》ないけど…
でも、反乱《はんらん》を起《お》こさなくても……。
とくに戊辰戦争《ぼしんせんそう》で新政府軍《しんせいふぐん》の主力《しゅりょく》として戦《たたか》った薩摩藩《さつまはん》や長州藩《ちょうしゅうはん》などの下級藩士《かきゅうはんし》たちは、自分《じぶん》たちがないがしろにされていると考《かんが》えたんだ。
１８７４年《ねん》には佐賀県《さがけん》で『佐賀《さが》の乱《らん》』、１８７６年《ねん》には熊本県《くまもとけん》で『神風連《しんぷうれん》の乱《らん》』、福岡県《ふくおかけん》で『秋月《あきづき》の乱《らん》』、山口県《やまぐちけん》で『萩《はぎ》の乱《らん》』が相次《あいつ》いで起《お》こっているよ。
萩《はぎ》
秋月《あきづき》
佐賀《さが》
熊本《くまもと》
鹿児島《かごしま》
萩《はぎ》の乱《らん》(1876年《ねん》)
秋月《あきづき》の乱《らん》(1876年《ねん》)
佐賀《さが》の乱《らん》(1874年《ねん》)
神風連《しんぷうれん》の乱《らん》(1876年《ねん》)
西南戦争《せいなんせんそう》(1877年《ねん》)
【佐賀《さが》の乱《らん》（１８７４年《ねん》）】西郷《さいごう》とともに政府《せいふ》を辞《や》めた元佐賀藩《もとさがはん》の江藤新平《えとうしんぺい》が起《お》こした反乱《はんらん》。
大久保《おおくぼ》は自《みずか》ら軍隊《ぐんたい》を率《ひき》いて、この反乱《はんらん》を鎮圧《ちんあつ》した。

40

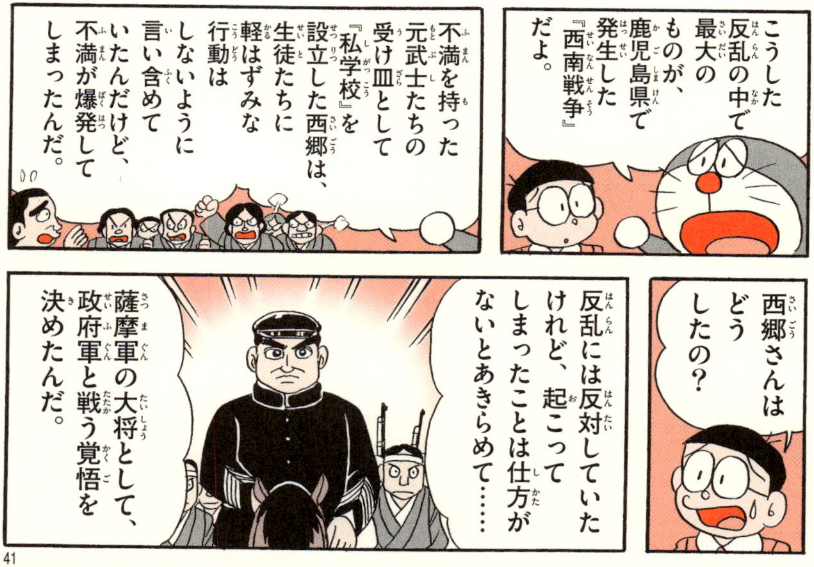

こうした反乱《はんらん》の中《なか》で最大《さいだい》のものが、鹿児島県《かごしまけん》で発生《はっせい》した『西南戦争《せいなんせんそう》』だよ。
不満《ふまん》を持《も》った元武士《もとぶし》たちの受《う》け皿《ざら》として『私学校《しがっこう》』を設立《せつりつ》した西郷《さいごう》は、生徒《せいと》たちに軽《かる》はずみな行動《こうどう》はしないように言《い》い含《ふく》めていたんだけど、不満《ふまん》が爆発《ばくはつ》してしまったんだ。
西郷《さいごう》さんはどうしたの？
反乱《はんらん》には反対《はんたい》していたけれど、起《お》こってしまったことは仕方《しかた》がないとあきらめて……
薩摩軍《さつまぐん》の大将《たいしょう》として、政府軍《せいふぐん》と戦《たたか》う覚悟《かくご》を決《き》めたんだ。

41

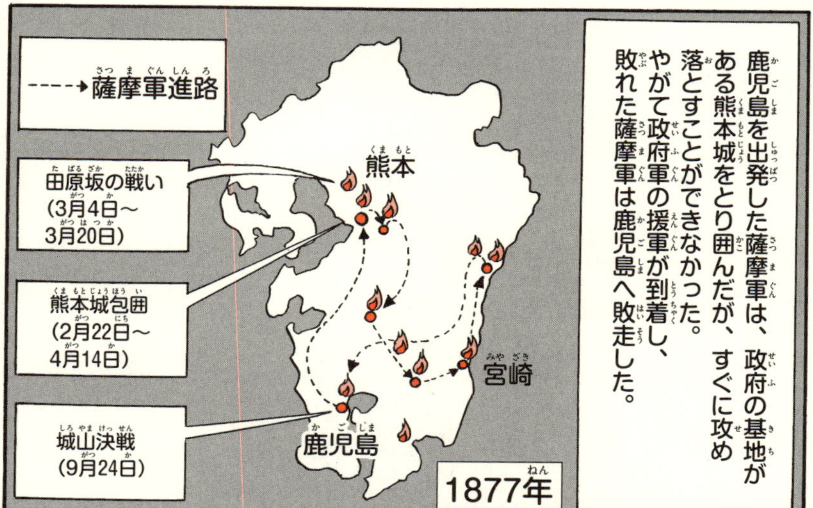

鹿児島《かごしま》を出発《しゅっぱつ》した薩摩軍《さつまぐん》は、政府《せいふ》の基地《きち》がある熊本城《くまもとじょう》をとり囲《かこ》んだが、すぐに攻《せ》め落《お》とすことができなかった。やがて政府軍《せいふぐん》の援軍《えんぐん》が到着《とうちゃく》し、敗《やぶ》れた薩摩軍《さつまぐん》は鹿児島《かごしま》へ敗走《はいそう》した。
薩摩軍進路《さつまぐんしんろ》
田原坂《たばるざか》の戦《たたか》い（3月《がつ》4日《か》～3月《がつ》20日《はつか》）
熊本城包囲《くまもとじょうほうい》（2月《がつ》22日《にち》～4月《がつ》14日《か》）
城山決戦《しろやまけっせん》（9月《がつ》24日《か》）
熊本《くまもと》
宮崎《みやざき》
鹿児島《かごしま》
1877年《ねん》

半年間《はんとしかん》もの戦《たたか》いの末《すえ》、薩摩軍《さつまぐん》は鹿児島《かごしま》の城山《しろやま》に追《お》い詰《つ》められ、覚悟《かくご》を決《き》めた西郷《さいごう》はここで切腹《せっぷく》して、自《みずか》ら命《いのち》を絶《た》ったんだ。
ええーっ!!
せっかく『新《あたら》しい日本《にっぽん》』をつくったのに……。
西郷《さいごう》さんが亡《な》くなったあと、大久保《おおくぼ》さんはどうしたの?
……………。
42
西南戦争後《せいなんせんそうご》の大久保《おおくぼ》に会《あ》いに行《い》ってみよう。
1878年《ねん》5月《がつ》、大久保《おおくぼ》の家《いえ》。

こんにちは。
おや のび太《た》くん、久《ひさ》しぶりだね。
あの人《ひと》は？
ぼくの古《ふる》い友人《ゆうじん》だよ。
彼《かれ》に話《はな》したばかりだが、ぼくの国《くに》づくりの構想《こうそう》を聞《き》いてくれるか？
ぜひ聞《き》かせてください。
明治維新《めいじいしん》を完成《かんせい》させるには、30年《ねん》はかかるだろう。最初《さいしょ》の10年間《ねんかん》は戦《いくさ》も多《おお》かったけれど、大事《だいじ》なのはこれからの10年間《ねんかん》だよ。
ぼくはその間《かん》に政治《せいじ》を安定《あんてい》させ、産業《さんぎょう》を盛《さか》んにするために、全力《ぜんりょく》を尽《つ》くすつもりだ。
その後《ご》の10年間《ねんかん》は若《わか》い人《ひと》たちに任《まか》せて、のんびり過《す》ごそうと思《おも》っているんだよ。
いいですねえ。

43

じゃあ、ぼくは出《で》かけるから、新《あたら》しい日本《にっぽん》の首都《しゅと》として発展《はってん》している東京《とうきょう》をゆっくり見物《けんぶつ》していくといいよ。
行《い》ってらっしゃい。
大久保《おおくぼ》さんの構想《こうそう》はうまくいくの?早《はや》く10年後《ねんご》に行《い》ってみようよ。
……。
実《じつ》は……大久保《おおくぼ》はこのすぐあとに、暗殺《あんさつ》されてしまったんだよ。
ええーっ!!
44
紀尾井坂《きおいざか》(東京都《とうきょうと》)。
待《ま》てっ!!

無礼者《ぶれいもの》!!
ドカ
……犯人《はんにん》は『征韓論《せいかんろん》』賛成派《さんせいは》の不平士族《ふへいしぞく》だったよ。
……
………。
45
大久保《おおくぼ》は西郷《さいごう》からの手紙《てがみ》をいつも懐《ふところ》に入《い》れて持《も》ち歩《ある》いていて、この日《ひ》も馬車《ばしゃ》の中《なか》で読《よ》んでいたといわれているよ。
西郷《さいごう》と大久保《おおくぼ》は、最後《さいご》には敵味方《てきみかた》に分《わ》かれて戦《たたか》うことになってしまったけれど、二人《ふたり》とも自分《じぶん》が信《しん》じた『新《あたら》しい日本《にっぽん》』のために、自分《じぶん》がやるべきことをやり抜《ぬ》いたんだね。
………
ぼくもやるべきことをやり抜《ぬ》こう。

ケンカをしても、お互《たが》いに理解《りかい》し合《あ》える友《とも》だちができるといいね!!

鹿児島城下《かごしまじょうか》（鹿児島県《かごしまけん》）ほか
西郷《さいごう》と大久保《おおくぼ》を生《う》んだ町《まち》・鹿児島《かごしま》

西郷《さいごう》と大久保《おおくぼ》が育《そだ》った町《まち》にある歴史観光施設《れきしかんこうしせつ》。

大久保利通像《おおくぼとしみちぞう》

【鹿児島市維新《かごしましいしん》ふるさと館《かん》】

住所《じゅうしょ》／鹿児島県鹿児島市加治屋町《かごしまけんかごしましかじやちょう》 23-1
ishinfurusatokan.info

西郷隆盛《さいごうたかもり》と大久保利通《おおくぼとしみち》の生涯《しょうがい》

一八二七 西郷《さいごう》、薩摩藩《さつまはん》（鹿児島県《かごしまけん》）の下級武士《かきゅうぶし》の家《いえ》に生《う》まれる。

一八三〇 大久保《おおくぼ》、薩摩藩《さつまはん》の下級武士《かきゅうぶし》の家《いえ》に生《う》まれる。

一八五四 西郷《さいごう》、藩主《はんしゅ》に従《したが》い江戸《えど》に上《のぼ》る。
ペリー再来航《さいらいこう》
日米和親条約《にちべいわしんじょうやく》

一八五八 西郷《さいごう》、奄美大島《あまみおおしま》に送《おく》られる。
安政《あんせい》の大獄《たいごく》
日米修好通商条約《にちべいしゅうこうつうしょうじょうやく》

一八六二 大久保《おおくぼ》、島津久光《しまづひさみつ》をたすけて働《はたら》く。

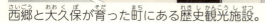

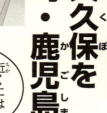

【尚古集成館《しょうこしゅうせいかん》】

住所《じゅうしょ》／鹿児島県鹿児島市吉野町《かごしまけんかごしましよしのちょう》 9698-1

www.shuseikan.jp

薩摩藩《さつまはん》の工場《こうじょう》だった建物《たてもの》を利用《りよう》した博物館《はくぶつかん》。

【城山《しろやま》】

住所《じゅうしょ》／鹿児島県鹿児島市《かごしまけんかごしまし》城山町《しろやまちょう》ほか

www.kagoshima-yokanavi.jp/data?page-id=2497

西南戦争《せいなんせんそう》の最後《さいご》の激戦地《げきせんち》となった山《やま》。周辺《しゅうへん》には西郷《さいごう》ゆかりの史跡《しせき》が集《あつ》まっている。

一八六三	薩英戦争《さつえいせんそう》。
一八六四	蛤御門《はまぐりごもん》の変《へん》。
一八六六	長州藩《ちょうしゅうはん》と薩長同盟《さっちょうどうめい》を結《むす》ぶ。
一八六七	大政奉還《たいせいほうかん》 王政復古《おうせいふっこ》
一八六八	西郷《さいごう》、新政府軍《しんせいふぐん》を指揮《しき》して戊辰戦争《ぼしんせんそう》を戦《たたか》う。
一八七三	西郷《さいごう》、征韓論争《せいかんろんそう》に敗《やぶ》れ、政府《せいふ》を去《さ》る。 大久保《おおくぼ》、初代内務卿《しょだいないむきょう》に就任《しゅうにん》。
一八七七	西郷《さいごう》、西南戦争《せいなんせんそう》に敗《やぶ》れ、自《みずか》ら命《いのち》を絶《た》つ（50歳没《さいぼつ》）。
一八七八	大久保《おおくぼ》、東京《とうきょう》で暗殺《あんさつ》される（49歳没《さいぼつ》）。

■キャラクター原作／藤子・F・不二雄
■まんが監修／藤子プロ
■監修／浜学園（八幡　義治・小澤　裕子）
■まんが／三谷　幸広
■構成／田端　広英
■表紙デザイン／横山　和忠
■本文デザイン／竹歳　明弘（STUDIO BEAT）・山岡　文絵
■イラスト（コラム）／加藤　貴夫
■DTP／株式会社　昭和ブライト
■校閲／目原　小百合
■編集協力／新村　徳之（DAN）
■編集担当／藤田　健彦（小学館）

ドラえもんの学習シリーズ
ドラえもんの社会科おもしろ攻略
歴史人物伝【幕末・維新】

2016年９月18日　初版　第１刷発行

発行者　杉本　隆
発行所　株式会社 小学館
東京都千代田区一ツ橋2－3－1　〒101-8001
電話・編集／東京03（3230）5400
販売／東京03（5281）3555

印刷所　図書印刷株式会社
製本所　株式会社若林製本工場

ISBN978-4-09-253880-1